S.O.S.

# Sigrid O. Scholl

# S.O.S

unter Mitarbeit von Sandra Keller

**Bibliografische Information der Deutschen Nationalbibliothek**
Die Deutsche Nationalbibliothek verzeichnet diese Publikation
in der Deutschen Nationalbibliografie; detaillierte bibliografische
Daten sind im Internet über http://dnb.d-nb.de abrufbar.

© 2013 Sigrid O. Scholl
Umschlagdesign, Satz, Herstellung und Verlag:
BoD - Books on Demand
ISBN 978-3-7322-2681-8

# Inhalt

Andere zu kennen bedeutet Weisheit

Sich selbst zu kennen bedeutet

Erleuchtung

# Einleitung

# S.O.S

Es war in der Nacht vom 29. auf den 30. November 2006, in dieser Nacht ging es mir sehr schlecht, ich kann nicht einmal mehr sagen, warum es mir schlecht ging, denn ich war nicht krank.

Doch ich hatte das Gefühl, meine Seele wollte sich in dieser Nacht verabschieden, aber mein Bewusstsein sagte »Nein« und hatte Angst vor diesem Schritt.

Ich dachte: Gut, geistige Welt, wenn ihr der Meinung seid, dass es so weit ist, dass meine Seele lange genug auf der Erde inkarniert ist, dann soll es so sein. Mein Mann lag neben mir und schlief, und ich konnte mich nicht einmal bemerkbar machen. Ich konnte mich weder bewegen, noch konnte ich reden. Also was geschieht in diesem Moment mit mir?, dachte ich, dann hörte ich im selben Moment eine Stimme in mein rechtes Ohr flüstern: »OTANAWA«. Ich sprang sofort aus meinem Bett und lief schnell, um mir einen Zettel und einen Schreiber zu holen, und schrieb sofort Otanawa auf diesen Zettel, um dieses Wort nicht zu vergessen. Das hätte ich nicht tun brauchen, denn dieses Wort, das ein Name ist, habe ich nie wieder vergessen. Erst dann wurde mir bewusst – ich konnte mich ja wieder bewegen. Ich rief am nächsten Tag meine Schamanin an und erzählte ihr mein Erlebnis aus der vergangenen Nacht. »Was heißt oder ist Otanawa?«, fragte ich. Sie sagte: »Ich weiß es nicht«, und so legte ich den Zettel an einen Platz, an dem ich der Meinung war, dort ist der Zettel gut aufgehoben. Eines Tages rief mich Magdalena an und sagte: »Sissy, ich weiß jetzt, was Otanawa bedeutet, das ist dein Ursprungssame.« Ich antwortete: »Klar, warum ist mir das nicht eingefallen?« Mein spiritueller Name, sozusagen die Göttin in mir. Denn in jeder Frau steckt eine Göttin, eine große Persönlichkeit, diese heißt es zu erwecken.

Zu der Zeit kam Magdalena noch regelmäßig zu mir, um Einzelsitzungen zu machen und um den spirituellen Kreis zu leiten. Vera war auch immer dabei, auch Vera übernachtete immer das Wochenende bei mir. Vera, eine Englischlehrerin aus Frankfurt. Eine liebe, intelligente, allein lebende Frau. Wir drei saßen dann mal wieder eines Abends nach getaner Arbeit zusammen. Da nahm Vera einen Zettel, denn wir unterhielten uns und ich erzählte mal wieder von dieser Nacht. Vera sagte: »Sieh mal«, sie schrieb Sigrid Otanawa Scholl S.O.S. Ich war ganz verblüfft und sagte: »S.O.S? Bin ich S.O.S?« Magdalena sagte: »Ja, du wirst für viele Menschen und Tiere S.O.S sein.«

Und mittlerweile weiß ich, dass ich schon für sehr viele Menschen S.O.S war und bin. Ich fühle mich auch für unsere Mutter Erde als S.O.S. Wenn meine Mutter mein Buch liest, oder ich ihr diese Stelle vorlesen werde, dann wird sie sagen: »Du heißt doch Sigrid Herta Brigitte, nach deinen Tanten.« Ja klar, auf diese Namen wurde ich getauft. Dennoch ist mein Ursprungsname Otanawa.

Alle Erlebnisse in meinem Buch entsprechen der Wahrheit, meiner Wahrheit.

Ich danke meinen Helferinnen Sandra und Ingrid, die unermüdlich und mit viel Einsatz immer da waren, als ich sie gebraucht habe.

# I Über mich

Schamanen müssen immer wieder durch äußerst schwierige Lebenssituationen gehen. Immer wieder darf ich den Zyklus durchlaufen »stirb und
werde«, das immer werdende Mantra des Schamanen.

Warum? Durch meinen spirituellen Weg ist meine Lebensphilosophie und
Weltanschauung eine andere geworden.
Ich nehme meine spirituelle Arbeit sehr ernst und bin auch äußerst gewis-
senhaft, und das ist, was die meisten Menschen nicht aushalten können.
Spirituell zu lehren heißt, mit der Seele der Menschen zu arbeiten, und
somit wird jeder mit seiner Schattenseite konfrontiert, denn wir haben
nun mal alle eine Schattenseite.
Mit den eigenen Unzulänglichkeiten, z.B. Neid und Eifersucht, umzugehen
und diese zu überwinden bedeutet harte Arbeit an sich selbst. Wenn das ein
Mensch nicht aushalten kann, dann ist immer der spirituelle Lehrer/-in schuld.
Genau das ist mir mehrmals mit Schüler/-innen passiert.
Diese Menschen haben mich und sich selbst verlassen.

Wenn man aus dem Herzen heraus lebt und entscheidet, dann wird man
selten verstanden und immer wieder verkannt, so ist es sehr oft der
Fall, dass Menschen ihre eigenen Unzulänglichkeiten auf den spirituellen
Lehrer/-in projizieren und schon haben sie ihren Schuldigen.
Denn auch das ist menschlich, immer wieder einen Schuldigen zu bestim-
men, um nicht bei sich selber nachschauen zu müssen, warum die eine
oder andere Situation entstanden ist.
Neid und Eifersucht sind immer ein Mangel an Selbstwertgefühl.

Es ist ganz einfach, spirituell weiterzukommen, wenn man sich so akzeptiert, wie man ist. Wenn diesen Menschen bewusst werden würde, dass
sie ganz fantastisch sind, wären sie nicht so unglücklich. Und wenn diese
Menschen nach innen schauen würden, dann könnten sie das erkennen.
Das nennt man SELBSTDEFINITION.

Sich so zu erkennen und sich so zu sehen, wie man ist und sich entwickelt, ist die schwerste Wahrheit, die es gibt. Leider konnten die Menschen, die dann anderen die Schuld für ihr Versagen gaben und noch geben, das nicht erkennen. Wichtig für diese Menschen ist es, ihre eigene Stärken und Schwächen anzunehmen.

Wenn diese Menschen mein Buch lesen, dann ist dies die Botschaft nur für sie. Ich weiß zu diesem Zeitpunkt nicht, was sie spirituell machen, den einen oder anderen habe ich aus den Augen verloren, dennoch können sich diese Menschen sicher sein, ich werde mich immer mit Liebe an sie erinnern, denn wir hatten schöne Jahre zusammen.

Die Stärke und Entschlossenheit meiner Arbeit und Umwelt gegenüber machen mich für Menschen, die dies nicht verstehen oder nachvollziehen können, zu einer Außenseiterin.

Mein Konfirmationsspruch:

**1 Moses K.12**
**V. 3: Ich will segnen, die dich segnen, und die verfluchen, die dich verfluchen, und in dir sollen gesegnet werden alle Geschlechter auf Erden.**

Wenn ich Menschen behandle, dann gehe ich in der Regel davon aus, dass jeder weiß, dass man Behandlungen weder beim Schamanen noch beim Arzt abbrechen sollte. Aber leider ist dem nicht so. Wenn Klienten die Behandlungen, die ich mit ihnen mache, abbrechen, dann ist es meistens so, dass diese Menschen nicht durchhalten können. Denn meine Arbeit als Schamanin und Astropsychologin ist sehr schwer nachvollziehbar. Es gehört schon Disziplin dazu, um sich bei einem Schamanen fallen lassen zu können, den man erst kennengelernt hat.

Selbstverständlich gibt es auch sehr viele Menschen/Klienten, die dann auch durchgehalten haben und durchhalten, das Resultat ist dann natürlich sehr erfreulich für den Klienten/-in und für mich.

Sicherlich wollt ihr, liebe Leser/-innen, wissen, wie ich auf meinen spirituellen Weg kam.

Während eines für mich schwerwiegenden Familienproblems fand ich durch eine Bekannte zur Esoterik.
Sie ist Kartenlegerin und kennt sich in traditioneller Astrologie aus.
Das Kartenlegen hat mich so fasziniert, dass ich es selber lernen wollte.
Ich nenne sie Elena. Elena hatte für mich und meine Situation sehr viel Verständnis und gab mir ein Buch von Louise L. Hay. Ich war so fasziniert über das, was sie schreibt, und konnte mich in ihren Texten wiedererkennen. Ich wusste dann ziemlich schnell, dass ich was an meiner momentanen Lebenssituation verändern musste.
Ich lernte das Kartenlegen bei Elena, und aufgrund meiner bis dahin noch nicht von mir bewussten Intuition konnte ich auch sehr schnell andere Menschen beraten.
Zeitgleich habe ich die ersten zwei Reiki-Grade gemacht.

Dann habe ich wiederum zeitgleich, da ich mich für Astrologie interessierte, von Elena eine Fachzeitschrift über Astrologie zu lesen bekommen und habe eine Anzeige von meinem zukünftigen Dozenten Wolfgang B. darin gefunden.
Um zu wissen, dass die traditionelle Astrologie nichts für mich ist, habe ich einige Wochen bei Elena mit Kaffee und Kuchen die traditionelle Astrologie sozusagen studiert.

Immer noch mit meinem damaligen Familienproblem kämpfend, habe ich in Stuttgart bei Wolfgang B. angerufen. Da der neue Kurs schon begonnen hatte, hatte ich keine Hoffnung, daran teilnehmen zu können.
Er nahm mich dennoch, mit der Aussage: »Du schaffst das schon.«

Astropsychologin zu werden war zu diesem Zeitpunkt nicht unbedingt mein Ziel, da ich vor Allem Angst hatte, das spirituell in die Tiefe ging.

Ich wollte immer wieder das Handtuch werfen, aber ich war dann doch sehr fasziniert von diesem Studium.

Ich habe das dreijährige Studium bei Wolfgang B. absolviert und bin immer wieder aufs Neue fasziniert, wie die Astropsychologie funktioniert.

Zwischenzeitlich habe ich, die Reiki-Meisterin/Lehrerin, Einweihungen von Elena bekommen.

Jetzt bin ich Reiki-Großmeisterin; dies wiederum habe ich bei meiner Schamanin Magdalena erreicht.

Ich habe dann die Kunst der Massagen erlernt, die tibetisch-energetische Massage, die auch eine Kundalini-Massage ist. Dazu habe ich Massagen mit warmen Edelsteinen und warmen Edelsteinölen erlernt. »Edelstein-Balance« nach Monika Grundmann.

Da ich alles Gelernte mit meiner Intuition und Empathie verbinde, habe ich das alles zu meinem Eigenen gemacht, ganz »individuell und allumfassend«.

**Ps. I**
**V. 3: Der ist wie ein Baum, gepflanzt an den Wasserbächen, der seine Frucht bringt zu seiner Zeit, und seine Blätter verwelken nicht und was er macht, das gerät wohl.**

## Schamanin Magdalena

Als ich anfing, den schamanischen Weg zu gehen, war mir nicht bewusst, auf was ich mich einlasse. Es ist der beste und schwerste Weg, den ich in dieser Inkarnation gehen kann. Ich wusste nicht, dass ein Schamane Entbehrungen eingehen muss, ob er will oder nicht, da die geistige Welt den Weg des Schamanen führt.

Als ich anfing, zu SEHEN, sehen heißt hier »sehen, hören, riechen, schmecken, fühlen, ahnen, im intuitiven Sinne«, wusste ich nicht, was dies bedeutet. Es kann belasten oder gut sein, gerade über diese Sinne Energien zu empfangen.

Nach Beendigung meines Astropsychologie-Studiums begann kurze Zeit darauf mein schamanischer Weg.
Das kam mir zugute, denn in meiner Ausbildung zur Astropsychologin habe ich gelernt, die Menschen nicht mit dem Wissen, was belastend für jeden Einzelnen sein kann, zu konfrontieren. Jeder Mensch möchte nur das Positive über sich hören, dabei weiß jeder, dass er auch eine Schattenseite hat. Gott und der geistigen Welt sei es gedankt, dass es so ist.

Das Kennenlernen von Schamane Theo und Schamanin Magdalena sowie ein für mich eindrückliches Erlebnis mit Magdalena möchte ich euch, liebe Leserinnen und Leser meines Buches, erzählen.

Nach der Beendigung meines Astropsychologie-Studiums war ich erst mal platt.
Platt heißt hier, mein Wissensdurst war erst mal gestillt.
Mir ging ein Satz von meinem Dozenten Wolfgang B. nicht aus dem Kopf, der auf einem Ferienseminar auf Krk zu mir sagte: »In dir, liebe Sigrid, steckt das Wissen einer alten und weisen Schamanin.«
Da war ich erst mal wieder platt. »Ja und was soll ich jetzt machen?«, war meine Frage an Wolfgang. »Ja«, sagte er, »wenn du die Hände in den Schoß legst und wartest, wird nichts geschehen.«

Gut, jetzt hatte ich erst mal was zum Nachdenken. Ich wusste, dass es Schamanen gibt und es was ganz Besonderes war, einen Schamanen zu kennen, aber zu der Zeit habe ich noch keinen Schamanen persönlich gekannt. Obwohl ich in mir spürte, dass ein Schamane zu sein was ganz Besonderes sein muss, hatte ich zu diesem Wissen, das man braucht, um Schamane werden zu können, keinen Zugang.
Zufrieden und stolz war ich, dass ich zu diesem Zeitpunkt als »Astro-psychologische Lebensberaterin« arbeiten konnte. Ich konnte mir auch

ziemlich schnell einen Klientenstamm aufbauen, da ich ja schon einige Zeit als Kartenlegerin und Reiki-Meisterin/Lehrerin tätig war.

Dann eines Tages sagte eine Bekannte zu mir, ich habe bei ihr astrologische Vorträge gehalten: »Du, Sigrid, hast du Interesse, einen Schamanen kennenzulernen?« Juhu!, schrie ich innerlich, ein ganz großer Wunsch geht für mich in Erfüllung. »Ja, ich komme selbstverständlich zum Meditationsabend von diesem Schamanen.« Zu dieser Zeit wusste ich noch nicht, dass dieser Tag die Wende in meinem Leben bedeuten sollte.

Schamane Theo war ein stattlicher, gut aussehender, freundlicher Mann mit langer grauhaariger Mähne. Ich war begeistert von seinen Meditationsabenden, ich nahm auch immer wieder verschiedene Leute zu diesen Abenden mit.

Natürlich hatte ich auch bei Theo einige Einzelsitzungen, die mir auch sehr in meiner damaligen Lebenssituation geholfen haben.

Eines Abends saß neben Schamane Theo eine Frau mit mystischem Aussehen. So wie es aussah, ist nur mir das aufgefallen, denn die Freundin, die damals dabei war, bemerkte ihr mystisches Aussehen nicht, auch sonst hatte ich den Eindruck, es kümmert sich niemand so richtig um Magdalena, so heißt diese Frau, denn alle waren mit dem Schamanen beschäftigt. Überhaupt, die Frauen kümmerten sich sehr um Theo. Für mich war er einfach dieser fantastische Schamane und kein Mann im erotischen Sinne, so wie es bei den meisten Frauen der Fall war.

Meine Freundin Renate war auch immer bei den Meditationsabenden von Theo dabei. Ich sagte zu Renate: »Ich möchte diese Frau kennenlernen, die neben Theo sitzt.« – »Sprech sie doch einfach an«, sagte sie. »Nein, ich traue mich nicht«, war immer wieder meine Antwort. Das ging drei Monate so, dann sagte Renate: »Jetzt sprech doch die Magdalena einfach an«, und schupste mich in Magdalenas Arme.

»Ich bin Magdalena«, sagte sie freundlich. »Ich heiße Sigrid«, sagte ich verlegen. »Sorry, dass ich dich geschupst habe.« – »Das macht nichts«, sagte Magdalena, »und zudem wird es Zeit, dass du mich endlich ansprichst.« – Was soll das denn, dachte ich mir, woher weiß sie, dass ich mich nicht traute, sie anzusprechen?

Dies war der Anfang meines schamanischen Weges.

**»Es interessiert mich nicht, wer du bist, wie du herkamst. Ich will wissen, ob du mit mir im Zentrum des Feuers stehen kannst, ohne zurückzuschrecken.«**

Ich fragte Magdalena: »Kann ich bei dir eine Einzelsitzung haben?« Sie sagte: »Ja«, dann machten wir einen Termin für den nächsten Monat aus. Die Einzelsitzungen bei Magdalena waren anders als die bei Theo. Die Einzelsitzungen bei Theo waren zwar wirkungsvoll, aber bei Magdalena habe ich mich aufgehobener und mit ihr verbundener gefühlt.
Nach der Einzelsitzung bei Magdalena fuhr ich nach Hause. Während der ganzen Fahrt dachte ich: Diese Magdalena will ich nicht aus den Augen verlieren. Zu Hause angekommen rief ich sofort bei Magdalena an und fragte sie: »Wie wäre es, wenn ich für dich Leute organisiere und du bei mir zu Hause Einzelsitzungen machst?« Magdalena sagte sofort zu, und wir machten auch gleich einen Termin miteinander aus, wann sie zu mir kommen wird. Ich konnte auch einige Leute, vor allem Frauen aus meinem Freundes- und Bekanntenkreis, für Magdalena gewinnen.
Es wurde ein voller Erfolg, jeden Monat kamen mehr und mehr Leute zu Magdalena. Magdalena war dann auch immer drei Tage da, um zu arbeiten. Da sie aus dem Bayrischen anreiste, hat es sich dann auch jedes Mal rentiert, drei Tage da zu sein.
Magdalena und ich wurden immer mehr ein Team. Magdalena gründete dann einen Kreis, den sie »Spiritueller Kreis« nannte.
Am Anfang waren wir fünfzehn Leute im spirituellen Kreis, es war eine Ausbildung zum Schamanen. Schamanismus kann man nicht lernen; sondern das alte Wissen, das jeder in sich trägt aus vergangenen Leben, wird vom Schamanen aktiviert und ins Bewusstsein geholt; dieses bedarf einige Jahre intensiver Arbeit an sich selbst, im Sinne von Selbstdefinition, bis man so weit ist, sich selber Schamane nennen zu dürfen.

Dies war für mich eine sehr schöne und auch sehr schwere und intensive Zeit. In der Zeit war es ein Kommen und Gehen vieler Menschen, die dachten, es wäre einfach, den schamanischen Weg gehen zu können.
Nach drei Jahren waren alle anderen Schüler von Magdalena abgesprungen.

Ich habe es geschafft und ich danke Gott und der geistigen Welt jeden Tag dafür.
Von dem Tag an, als Magdalena dann regelmäßig zu mir kam, kamen auch so langsam oder schnell die Geister und Seelen in mein Haus, eingeladen und uneingeladen. Es war furchtbar für mich, denn immer wenn Magdalena wieder nach Hause fuhr, hatte ich tagelang Angst. Heute weiß ich, ohne Grund, aber damals, als noch alles neu für mich war, war es einfach immer wieder schwer, das Ganze auszuhalten. Geister und Seelen sind immer da, nur ich konnte sie dann immer mehr spüren.

Eines Tages, als ich in meinem Esszimmer stand, bemerkte ich eine Energie neben mir. Ich fragte: »Wer bist du?« Ich bekam keine Antwort, oder ich habe nicht gehört, was die Energie mir sagen wollte.
Die Energie, die eine verstorbene Seele war, drängte mich, sofort in den Ort zu fahren. Ich tat das auch.
Als ich in die Hauptstraße einbog, sah ich schon von Weitem einen Krankenwagen am Straßenrand stehen.
Ich parkte mein Auto und sah, wie ein Sanitäter bei einer Person Wiederbelebungsversuche machte.
Auf einmal hörte ich eine Stimme: »Bitte sage, dass ich nicht mehr in meinen Körper zurückkehre. Ich bin schon ganz aus meinem Körper draußen.«
Ich sah dem Sanitäter zu und es tat mir wie auch der Seele weh, wie der Sanitäter versuchte, der Person ihr Leben zu retten. Die Seele sagte zu mir: »Der Sanitäter soll aufhören. Es tut mir und meinem Körper weh, wenn ich sehe, was der Sanitäter mit meinem Körper macht. Auch wenn er seine Pflicht tut.« Ich war aufgewühlt und spürte, wie aufgebracht die Seele war. Ich wollte am liebsten zu dem Sanitäter sagen: »Hör auf damit. Die Seele steht bereits schon neben dir.«

Ich sagte zu der Seele: »Nein, der Sanitäter würde es nicht verstehen. Er wird bestimmt demnächst merken, dass deine Seele nicht mehr in deinem Körper wohnt.«

So war es dann auch.

Die Seele, die sich bei mir bemerkbar gemacht hatte, war ein Mann, der schon immer im selben Ort wie ich lebte.

**Die Seele bestimmt ihren Heimgang selbst,**
**auch wann und wo sie wiederkommt. In Absprache mit Gott.**

Meine Katze Baby half mir, immer wieder Ängste zu überwinden, denn Katzen sind ja die Mystiker unter den Tieren, und an Babys Verhalten merkte ich immer mehr und mehr, wenn was im Haus nicht stimmte.

So musste ich dann immer wieder diese Energien wegschicken, was anfangs nicht einfach für mich war. Doch Magdalena konnte mir auch aus der Ferne helfen und Anweisungen geben, was ich machen konnte und durfte, um die uneingeladenen »Gäste« wegzuschicken. Eines Tages sagte Magdalena: »Du, Sissy …« Mein Mann nennt mich Sissy, seit wir uns kennen, und Magdalena hat dieser Kosename für mich sofort gefallen, als sie ihn zum ersten Mal hörte. »… ich sage jetzt auch Sissy zu dir.« Das gefiel mir zuerst gar nicht, denn so durfte mich nur mein Mann nennen. Jetzt nennen mich auch meine Schülerinnen so und es gefällt mir. »Sissy, du bist die Einzige, die hier als Schamanin rausgeht.« Was auch immer das heißen sollte, denn ich wohne ja hier in diesem Haus, wo alles Spirituelle stattfand und noch stattfindet.

Magdalena meinte natürlich, dass ich als einzige Schamanin aus dem spirituellen Kreis hervorgehen werde. Und so war es dann auch.

Magdalena und ich, wir haben sehr viel erlebt. Wir hatten schöne und weniger schöne Erlebnisse.

Magdalena zeigte mir die »tibetisch-energetische Massage«, zu der man eine Einweihung braucht. Diese Einweihung und die Einweihungen zur

Reiki-Großmeisterin bekam ich auch von Magdalena. Wir hatten eine schöne Zeit zusammen, wir hatten viel Spaß und haben auch sehr gut zusammengearbeitet, denn wir konnten uns aufeinander verlassen.

Eines Tages hat sich mein jüngerer Bruder in Magdalenas jüngere Schwester verliebt. Am Anfang lief alles noch sehr gut, doch mit der Zeit wurde es zwischen Magdalena und mir kühl und immer kühler. Magdalena lernte dann irgendwann einen Mann kennen, den sie dann auch geheiratet hat, und so fand eine Doppelhochzeit statt, denn mein Bruder heiratete Magdalenas jüngste Schwester.

Diese Doppelhochzeit hat dann leider mit der Zeit in unseren Familien vieles zum Nachteil verändert. Mein Bruder kam nur noch selten nach Hause, um unsere Eltern zu besuchen. Magdalena trieb leider auch einen Keil zwischen meine Schwester und mich. Es kam noch schlimmer! Eines Tages merkte ich, dass Magdalena uns alle gegeneinander ausspielte. Seitdem ist nichts mehr, wie es zwischen uns allen war.

Ich fragte mich zu der Zeit immer wieder, wieso das so weit kommen konnte. Denn Magdalena hat dann von heute auf morgen den Kontakt zu mir abgebrochen. Ich habe nur noch einmal was von ihr gehört, da sagte sie zu mir: »Sissy, du brauchst mich nicht mehr, ich kann dir nichts mehr beibringen, du bist jetzt selber Meisterin.« – »Gut«, sagte ich, »ich freue mich darüber.« Leider wollte Magdalena nichts von meiner Vision wissen, mit ihr als Team zusammenzuarbeiten. Das war und ist einfach nicht möglich, denn sonst hätte sie den Kontakt zu mir nicht abgebrochen.

Ich habe sehr darunter gelitten. Es war unvorstellbar für mich, wie ich weitermachen sollte. Da ich erst mal unter Schock stand, hat es eine Zeit lang gedauert, bis ich als Schamanin arbeiten konnte. Wie kann das sein, dass eine Schülerin keinen Kontakt mehr zu ihrer Lehrerin haben sollte? Es kam noch schlimmer, denn diese Hetzereien mir und meiner Familie gegenüber wurden noch heftiger. Es wurde für uns alle fast unerträglich. Magdalena hatte schon viele Wochen zuvor begonnen, über meine Familie zu hetzen, und das konnte ich nicht zulassen. Anstatt mir ganz klar und offen ins Gesicht zu sagen, was los ist, weiß ich bis heute noch nicht, warum sie nicht ehrlich mir gegenüber war.

Ich versuchte eine Zeit lang immer wieder, Kontakt zu Magdalena aufzunehmen, um die Wahrheit zu erfahren, warum sie so gehandelt hatte. Irgendwann kam ich dann so weit, dass ich das alles loslassen konnte.

**Ich will wissen, ob du einen anderen enttäuschen kannst, um dir selber treu zu bleiben, ob du die Anklage eines Treuebruchs aushalten kannst, ohne deine eigene Seele zu betrügen.**

## Besondere Erlebnisse

Ich lernte Magdalena bei einer Bekannten kennen, die einmal im Monat ihre Räumlichkeiten für Schamane Theo zur Verfügung stellte.

Er hielt einmal im Monat einen Meditationsabend ab, und das war zu der Zeit das Beste, was ich erleben durfte.

Theo machte am ersten Meditationsabend, bei dem ich dabei war, eine Meditation mit uns, an die ich mich immer wieder mit sehr viel Ehrfurcht und Freude erinnere.

In dieser Meditation ging es, wie bei jeder Meditation von Theo, um die Begegnung mit unseren Ahnen.

Und genau das war mein besonderes Erlebnis:

Ich saß während der Meditation mit meinen Großeltern väterlicherseits auf einer Bank vor einem Haus, das sicher schon dreihundert Jahre alt war. Das Wundervolle war, meine Großeltern nahmen mich in ihre Mitte, und so hatte ich das Gefühl einer besonderen Geborgenheit, genau diese Geborgenheit gaben sie mir auch während sie noch lebten. Mir wurde dann auch während dieses wundervollen Erlebnisses bewusst, dass es nur den physischen Tod gibt. Und so durfte ich dieses Gefühl der Geborgenheit, welches von meinen Großeltern ausging, nochmals spüren und erleben.

Magdalena kam nun ab August 2004 regelmäßig einmal im Monat zu mir nach Hause, und ich organisierte für sie Menschen, die Interessen hatten, zu einer Schamanin zu gehen. Das war die erste Zeit so, denn die wenigsten Menschen wussten, was ein Schamane so zu bieten hat.

Magdalena konnte durch ihr Können und Wissen die Menschen, die zu ihr kamen, überzeugen.

Und so wurden es immer mehr Menschen, die sich von Magdalena behandeln ließen. Magdalena lebte zu dieser Zeit von ihrem Mann getrennt, und so war es sehr wichtig für sie, zu diesem Zeitpunkt Geld zu verdienen. Sie sagte bei unserer zweiten Begegnung zu mir: »Sissy, du hast mich gerettet, denn ich hatte nur noch einen Cent in meiner Tasche, als ich zu dir kam.« Magdalenas Mann hatte sie bei der Trennung finanziell mächtig übers Ohr gehauen und so musste sie zu der Zeit bei ihrer jüngeren Schwester wohnen.

Magdalena sagte dann auch zu mir: »Seit ich zu dir komme, Sissy, und Einzelsitzungen mache, rufen mich wieder Leute aus meiner Heimatregion an und so geht es mir jetzt finanziell wieder besser.«

Über mein erstes Erlebnis mit meiner Schamanin Magdalena möchte ich ausführlicher berichten.

## Herr Albrecht

Immer wieder hörte ich, als ich im Wohnzimmer saß, wie jemand Steine, die auf der darüberliegenden Terrasse im oberen Stockwerk lagen, hin und her schob. Ich sagte immer wieder zu meinem Mann: »Geh hoch und schau nach, was da los ist.« Mein Mann wollte zuerst nicht nachschauen gehen, doch dann ging er nach oben und schaute nach. »Da ist nichts«, sagte er immer wieder. »Die Steine sind auf dem gleichen Platz wie zuvor.«

Magdalena übernachtete, wenn sie zu mir kam, immer im oberen Stockwerk, wo meine Söhne ihre Zimmer hatten. Mein Sohn Björn war zu dieser

Zeit schon ausgezogen und so konnten wir sein Zimmer als Gästezimmer zur Verfügung stellen.

Als Magdalena nach ihrer ersten Nacht in unserem Haus zum Frühstück herunterkam, sagte sie: »Da oben ist einer.« – »Was?«, sagte ich verängstigt, denn ich wusste sofort, Magdalena meinte niemand, den man sehen kann. »Die Seele sagt, sie sei deine Oma, aber das kann nicht sein, der lügt, er ist ein Mann und er sagt, er wohnt hier und das Zimmer gehört ihm.« – Ach du liebe Zeit!, dachte ich und sagte auch gleich zu Magdalena: »Da oben in diesem Zimmer riecht es schon länger nach altem Mann.« Meine damalige Freundin Carmen, die in der Nachbarschaft wohnt, sagte schon seit längerer Zeit zu mir: »Du, Sigrid, hier oben in diesem Zimmer riecht es nach altem Mann.«

Und so überlegten wir, wer diese Seele, die behauptete, hier in unserem Haus wohnen zu dürfen, sein kann.

Mein Mann, der gerade noch zu Hause war, sagte auf einmal: »Ich weiß, wer das ist. Herr Albrecht!« – »Warum?«, war meine Frage zu seiner Aussage.

Mein Mann erklärte Magdalena und mir die Zusammenhänge und so wurde uns einiges klar.

Herr Albrecht und seine Frau hatten den Acker neben den Großeltern meines Mannes. Irgendwann wurden diese Äcker zu Bauplätzen umgelegt, und so kam es, dass gerade dieser Teil von unserem Haus ursprünglich zu dem Acker von Herrn Albrecht gehörte.

Als wir in unser Haus eingezogen sind, lebte Herr Albrecht noch einige Zeit, und da er und seine Frau diesen umgelegten Bauplatz als Acker nutzten, sind sie jeden Tag da gewesen, um ihren Acker fruchtbar zu erhalten.

Herr Albrecht brachte immer wieder Süßigkeiten für unsere Kinder mit. Da er und seine Frau kinderlos geblieben sind, war es ihm eine Freude, dass unsere Kinder und auch die Nachbarkinder die Süßigkeiten annehmen durften.

Nun standen wir hier unten in meiner Küche und erzählten Magdalena von Herrn Albrecht.

»Sissy, der muss weg«, sagte Magdalena. Ich schaute sicher ganz dumm, denn Magdalena sagte: »Kapierst du nicht, was ich meine?« – »Nein«, sagte ich. Und so gingen wir nach oben in das Zimmer, das Herr Albrecht für sich beanspruchte.

Magdalena ging voraus, denn ich traute mich nicht vorzugehen. Magdalena wollte in das Zimmer, und obwohl die Türe offen stand, konnte sie nicht eintreten.

»Lass mich in das Zimmer«, sagte Magdalena. Es sah aus, als redete sie mit dem Türrahmen. Das ging einige Zeit hin und her.
Magdalena schaffte es dann doch, in das Zimmer zu kommen. Sie stand dann auch genau richtig, am Kamin. Denn dort am Kamin roch es, seit Björn ausgezogen war, nach altem Mann.

»Doch, du gehst! Doch, weil ich es sage!«, sagte Magdalena. Ich vermutete, dass Herr Albrecht sich wehrte, denn diesem Dialog zufolge muss es so gewesen sein.
Auf einmal kam Kater Robin vom hinteren Teil des Zimmers vor, und da er noch sehr klein und ihm das Ganze unangenehm war, machte er einen Buckel, zeigte seine süßen kleinen Zähne, legte seine Ohren um, fauchte und verschwand.

»Was, du willst, dass ein Schamane kommt, weil du nicht mit mir reden willst, weil ich eine Frau bin?«, sagte Magdalena und schlug um sich. »Das wird ja immer toller.«
Dann kam Katzendame Baby ebenfalls aus dem hinteren Teil des Zimmers hervor, wo beide Katzen zu der Zeit immer lagen. Katzendame Baby schlich sich raus, ihr Bauch streifte ganz sicher den Fußboden.
Ich stand immer noch unter der Tür vom Wohnungseingang und zitterte vor Angst.

Dann auf einmal wurde Magdalena ruhiger und sie sagte: »Da muss ich erst die Sissy fragen.« – »Was ist los?«, fragte ich. Magdalena sagte: »Herr Albrecht fragt, ob er bleiben darf. Denn ins Licht kann er noch nicht.« – Ach, du liebe Zeit, wie soll das gut gehen!, dachte ich, denn ich hatte zu der Zeit Angst vor solchen Ereignissen.

»Gut, Herr Albrecht kann erst mal bleiben, aber nur wenn er hier oben bleibt.« Es war eine interessante Zeit mit ihm hier im Haus, denn ich roch immer wieder, wo er gerade war.

Seit wir wussten, dass wir einen Mitbewohner haben, ist es uns klar geworden, dass Herr Albrecht Aufmerksamkeit brauchte und aus diesem Grund die Geräusche verursachte, die mein Mann und ich hörten und die uns glauben ließen, dass jemand die Steine auf der Terrasse hin und her schiebt. Ich sprach auch immer mit Herrn Albrecht, später nach einiger Zeit konnte ich auch erfassen, was er mir sagen wollte.
Herr Albrecht ist seit einiger Zeit ausgezogen, und ich freue mich für ihn, dass er ins Licht gehen durfte.

**Ps. 132**
**V. 4: Ich will meine Augen nicht schlafen lassen noch meine Augenlieder schlummern.**

Das war erst der Anfang meiner großartigen Erlebnisse mit Magdalena.


## Mein erstes Erlebnis mit einem Engel auf Erden

Ich wurde 1954 an der Ostsee geboren, ich bin die zweite Tochter meiner Eltern und zwei Jahre jünger als meine ältere Schwester. Da wir im damals sogenannten Osten Deutschlands lebten, sind meine Eltern und Großeltern väterlicherseits in den Westen geflüchtet. Das war, als ich ein halbes Jahr alt war.

Meine Eltern schenkten uns dann noch drei Geschwister, die im Westen, im Schwabenland, geboren wurden.

An meine Kindheit kann ich mich erinnern, dass meine Eltern dann mit fünf Kindern viel zu tun hatten, um uns zu ernähren, dennoch erinnere ich mich daran, dass wir Kinder alles hatten, was wir brauchten.

Zu der damaligen Zeit ging es fast allen meinen Freunden und Klassenkameraden so, dass in jeder Familie gespart werden musste.

Obwohl meine Eltern und Großeltern sparen mussten, hat es uns nach meiner Erinnerung an nichts gefehlt. Wir hatten immer zu essen, im Winter warme Kleidung und auch immer Spielsachen, die wir uns wünschten. Mein Vater machte den Führerschein und einige Zeit später konnten sich meine Eltern auch ein Auto leisten. Das war für uns Kinder natürlich eine super Sache, denn ein Auto hatten wenige Eltern meiner Freunde und Klassenkameraden.

Rundum kann ich mich an eine schöne Kindheit erinnern – mit Höhen und Tiefen.

Meine Eltern erzählten mir dann irgendwann, dass ich, als ich sechs Wochen alt war, beinahe gestorben wäre. Meine Mutter weinte dann auch immer, wenn sie davon erzählte. Auch heute noch stehen meiner Mutter Tränen in den Augen, wenn wir uns darüber unterhalten.

Als ich meinen Eltern erzählte, dass ich ein Buch schreibe, sagten sie beide: »Dann schreibe auch davon, dass du fast gestorben wärst, als du sechs Wochen alt warst.«

Ich kam im September zur Welt.

Meine Eltern erzählten mir, dass es ein warmer Tag war und sie mit der Ernte beschäftigt waren. Die Eltern meines Vaters hatten zu der Zeit Landwirtschaft.

Das Haus, in dem meine Eltern mit meinen Großeltern und der jüngsten Schwester meines Vaters wohnten, war sehr klein. Es hatte nicht viele Zimmer, so waren alle Familienmitglieder abends immer in der kleinen

Wohnküche. Die Männer spielten meistens Karten und die Frauen machten Handarbeiten.

Als ich dann sechs Wochen alt war, bekam ich Ernährungsstörung und Rauchvergiftung.
Die Ernährungsstörung kam daher, ich habe die Kuhmilch nicht vertragen.
Die Rauchvergiftung kam durch das Heizen des Ofens und das Zigarettenrauchen der Männer.

Meine Eltern mussten mich ins Krankenhaus bringen, und es war für sie gar nicht so einfach, mich dort zu besuchen. Meine Mutter fuhr meistens mit dem Fahrrad ins zwanzig Kilometer entfernte Krankenhaus.

Eines Tages kam sie ins Krankenhaus, um mich zu besuchen, da hatte man mich ins Bad verlegt; der Arzt, der mich behandelte, sagte zu meiner Mutter, als sie ihn fragte, wo ich denn sei: »Ihre Tochter liegt im Bad zum Sterben.« Meine Mutter war schockiert und entsetzt und besorgt über die Aussage des Arztes. »Am besten rufen Sie den Pfarrer an und veranlassen schnellstens eine Nottaufe«, riet der Arzt meiner Mutter.
Meine Mutter rief zu Hause an und erzählte, wie sie mich vorgefunden hatte – meine Großeltern hatten als Einzige in dem Dorf, in dem wir wohnten, Telefon –, mein Vater sagte: »Nein, es wird keine Nottaufe geben, mein Kind wird nicht sterben.« Er hatte recht.

Meine Mutter begegnete, nachdem sie telefoniert hatte und weinend im Gang des Krankenhauses saß, einem Engel auf Erden – in der Gestalt eines chinesischen Arztes. Als er meine Mutter weinend sitzen sah, fragte er sie: »Was ist denn los?« – »Meine Tochter wurde zum Sterben ins Bad gelegt«, antwortete meine Mutter. »Kommen Sie«, sagte er, »gehen wir zu Ihrer Tochter.« Der Arzt/Engel untersuchte mich und bemerkte, dass ich noch Reflexe zeigte. Und er sagte zu meiner Mutter: »Ihre Tochter wird nicht sterben, sie wird wieder gesund werden«, und so war es dann auch. Nach sechs Wochen konnten mich meine Eltern mit Freude nach Hause holen.

Bleib so, wie du bist!
Denn genau so mag ich dich:
einmalig und unverwechselbar.

## Ein weiteres Erlebnis mit einem Engel auf Erden

Als mein Sohn Björn elf Monate alt war, bekam er einen Fieberkrampf. Mein Mann und ich wussten bis dahin gar nicht, dass es so etwas gibt. Meine Oma Frieda, die Mutter meines Vaters, war gerade vier Wochen zuvor verstorben.
Ich arbeitete zu der Zeit den halben Tag in einer Drogerie in dem Ort, in dem wir wohnten.

Meine Mutter passte auf Björn auf, und so wusste ich, er ist in guten Händen. Wir wohnten im selben Haus wie meine Eltern, es war ein Mehrfamilienhaus. Antje, die zu der Zeit nicht arbeitete und im selben Haus wie wir wohnte, war zum Glück gerade zu Hause.
Meine Mutter erzählte, Björn hatte auf einmal Fieber bekommen, sie setzte ihn in seinen Kinderwagen und schaukelte ihn. Auf einmal verdrehte Björn seine Augen und war besinnungslos.
Meine Mutter schrie ins Treppenhaus: »Hilfe, Hilfe«, da kam Antje aus ihrer Wohnung und fragte, was denn Schlimmes passiert sei. »Mein Björni«, schrie meine Mutter. Antje sah ihn an und erkannte sofort: »Das ist ein Fieberkrampf, ich fahre dich sofort zum Arzt.«

Antje fuhr meine Mutter mit Björn im Arm zu unserem Hausarzt, der sofort lebenserhaltende Maßnahmen traf. Er alarmierte den Rettungsdienst und Björn wurde mit Blaulicht ins nächste Kinderkrankenhaus gebracht.
Meine Mutter erzählte: »Als wir mit Björn in der Notaufnahme aus dem Fahrstuhl stiegen, wartete da schon ein Arzt auf uns, es war ein kleiner Chinese, wieder ein Engel auf Erden, wie bei dir, mein Kind, und schon wusste ich, Björn wird nicht sterben.«

EIN ENGEL AUF ERDEN wartete auch auf meinen Sohn, wie damals auf mich.

Ich wusste, obwohl mir niemand glaubte außer meiner Mutter, dass da meine Omi im Himmel ihre Finger mit im Spiel hatte. Sie liebte Björn sehr, und ich konnte mich glücklich schätzen, denn ich war ihre Lieblingsenkelin. Danke, Oma Frieda!

So gab es noch unzählige Erlebnisse mit Engeln auf Erden für mich, und es wird noch unzählige Erlebnisse für mich mit Engeln auf Erden geben.

**Die wirkungsvollste Energiequelle unseres Lebens ist und bleibt die menschliche Wärme.**

# 2 Tierkommunikation

## Tierkommunikation, was ist das?

Es sind unsere Haustiere, die von und für uns vieles übernehmen und somit unsere Krankheiten oder psychische Labilität aushalten, unsere Tiere, die mit uns leben möchten, das auch, da sie uns bedingungslos lieben.

Was heißt übernehmen? Ich erkläre es immer folgendermaßen: Sicher ist es jedem schon so ergangen, eine Freundin oder ein Verwandter ruft an und man unterhält sich, gibt gute Tipps und hört sich alles an, was diejenige Person so auf dem Herzen hat. Dann nach dem Gespräch fühlt man sich schlecht, schlapp oder hat sogar schlechte Laune oder Kopfschmerzen. Die meisten Menschen denken sich nichts dabei, doch in Wahrheit hat man der Person, mit der man telefoniert hat, etwas abgenommen oder auch von ihr übernommen.

Wenn ich Menschen berate oder behandle, oder auch beides, dann muss ich ganz dringend dafür sorgen, dass ich wieder aus der Energie herauskomme, in der ich mich mit meinem Klienten befunden habe. Sonst kann es im schlimmsten Fall sein, dass ich dieselben Symptome bekomme wie meine Klienten.

Eine interessante Frage, die sich viele Menschen stellen: Mit Tieren kommunizieren, ohne zu sprechen, das gibt es doch gar nicht.

Doch, das gibt es, ich weiß es und kann es aus meiner Sicht erklären und einiges aus meiner ganz persönlichen Erfahrung mit Tieren und ihrer Kommunikation mit uns Menschen hier erzählen.

Die Tiere unterhalten sich mit uns Menschen über Telepathie. Was ist Telepathie? Aus meiner Sicht und meinem Wissen funktioniert Telepathie folgendermaßen: durch Intuition. Das heißt, die Sprache, die wir Menschen sprechen, existiert erst seit ca. 100 000 Jahren. Die Unterhaltung der Steinzeit-Menschen ging über die Telepathie und gewisse Laute. So wie es die Tiere heute noch machen, und das macht sie zu unseren Lehrern. Die Tiere lernen nicht unsere Sprache, wie wir Menschen immer meinen.

Dadurch, dass wir Menschen denken können und mehr Hirnwindungen haben, müssten wir in der Lage sein, die Sprache der Tiere zu erlernen. Wir Menschen sind nicht in der Lage, die Tiersprache zu erlernen. Dadurch haben wir die Möglichkeit, uns intuitiv zu schulen im Sinne von die Gedanken unserer Tiere erfassen zu lernen.

Nun, die Tiere erfassen unsere Schwingungen und Energien. Wir Menschen haben mehr Gedanken als Worte, und gerade das machen sich die Tiere, die mit und bei uns leben, zunutze.

Das ist natürlich eine fantastische Sache, Tiere verstehen zu können, und auch für die Tiere ist es fantastisch, wenn sie erfassen können, dass sie verstanden werden. Es ist für uns Menschen schwierig, über Gedanken den Tieren etwas zu vermitteln. Jedoch ist es für die Tiere einfach, uns Menschen ihre Gedanken zu übermitteln.

Die Gedanken und Energien, die die Tiere uns vermitteln, sind für den Menschen schwierig intuitiv zu erfassen.

Je nachdem, welche Energien wir Menschen ausstrahlen, verhalten sich die Tiere uns gegenüber.

**Mit der ehrlichen und aufrichtigen Liebe in ihren Herzen halten die Tiere unsere Erde ins Licht.**

### Hier ein paar persönliche Erlebnisse:

## Anneliese, Robin

Meine Katze Anneliese hat mir gezeigt, oder ich kann auch sagen: beigebracht, mit ihr zu kommunizieren.

Eines Tages kam mein Sohn René nach Hause und sagte: »Mama, Donatas Katze bekommt Babys. Ich habe eine Katze bei Donata bestellt.«

»Wie bitte? Das geht nicht, ich habe schon bei meiner Freundin Hannelore eine Katze bestellt.« Denn Amely, die Katze von meiner Freundin und ihrem Mann, bekam auch zu diesem Zeitpunkt Babys. Da wir in der kühleren

Jahreszeit mit H. u. N. saunieren, kam es aus dieser Saunalaune heraus zustande, dass mein Mann in dieser guten Stimmung zu diesem Zeitpunkt keinen Einwand hatte, eine zweite Katze bei uns zu begrüßen. Denn da war ja noch die stolze Katzendame Baby, sie war zu der Zeit neun Jahre alt. »Wenn Baby die Katze, die ich mir bei Amely aussuchen werde, akzeptiert, dann haben wir zwei Katzen und das genügt«, sagte ich zu René.
Dann bekam Donatas Katze ihre Babys, im Mai 2001. »Mama, ich habe die schönste und klügste Katze ausgesucht und sie heißt Anneliese.« – »NEIN«, sagte ich verärgert, »dein Vater akzeptiert keine drei Katzen«, denn im Hinterkopf hatte ich ja auch noch den jahrelangen Wunsch, ein Hund muss irgendwann mal her, und das geht mit drei Katzen nun mal gar nicht.

Im Juni 2001 kam dann Robin zur Welt, ein Außenseiter. H. rief mich an: »Schnell, komm vorbei.« H. u. N. wohnen im gleichen Ort wie meine Familie und ich. »Amely hat ihre Babys bekommen, such dir eins aus, du bist die Erste, die ich anrufe.« Ich bin sofort zu H. gefahren, und da lag die stolze Katzenmama mit ihren süßen Babys. Es waren vier Babys, drei haben bei Amely getrunken und das vierte lag abseits. »Die Katze nehme ich«, sagte ich zu H. »die da, die abseits liegt.« – »O.k.«, sagte H. und schaute sich dieses niedliche Katzenbaby genau an, damit keine Verwechslung passierte. Ich besuchte Robin, so haben wir unseren neuen Familienzuwachs auf vier Pfoten genannt, jeden Tag. René besuchte Anneliese auch jeden Tag. Jedes Mal sagte ich: »Die Katze kommt mir nicht ins Haus«, das war auch die Meinung seines Vaters. Denn ich wusste genau, wenn ich Anneliese sehe, dann gebe ich sie nie wieder her, das war dann auch so.

Eines Tages war es so weit. Im August 2001, als wir gerade unseren Erholungsgast aus Tschernobyl vom Bus abgeholt hatten.
Wir haben bei einem Programm mitgemacht und hatten drei Sommer lang ein Mädchen aus Tschernobyl zur Erholung bei uns zu Gast.
René holte Anneliese bei seiner Freundin Donata ab. »Nimm die Katze und geh gleich hoch in dein Zimmer und lass die Katze oben. Dann fragen wir

einige Nachbarn und meine Freundinnen, ob jemand eine Katze möchte«, sagte ich zu meinem Sohn.

Keiner unserer Nachbarn war bereit, eine Katze bei sich aufzunehmen. »Was machen wir jetzt?«, sagte ich zu René. »Mama, schau dir doch Anneliese erst mal an, bevor du deine Freundinnen fragst, ob eine von ihnen Anneliese möchte.« – »Morgen früh«, sagte ich und dachte: Auf keinen Fall kommt die Katze zu uns in die Wohnung.

Am nächsten Morgen kam René mit Anneliese auf der Schulter zum Frühstück.

Ich konnte nur noch einen Begeisterungsschrei loslassen, als ich Anneliese sah. Sie war so süß und hatte große Ohren und einen Katzenbart, wie ich ihn noch nie zuvor bei einer Katze gesehen hatte. Auch an den Ohren und über den Augen hatte sie lange Barthaare; wir sagten immer, das sind Annelieses Antennen, denn sie war ganz besonders intelligent.


Baby, unsere Katzendame, hat Anneliese sofort gezeigt, wer hier im Haus die Chefin ist, und das hat Anneliese auch akzeptiert.

Nur hin und wieder gab es zwischen beiden Katzendamen Zoff.

Dann war es so weit, Anastasia, unser Erholungsgast, fuhr nach vier Wochen Erholung bei uns wieder zurück nach Tschernobyl. Ich holte Robin bei H. ab und war über den Einzug von Robin sehr glücklich, auch mein Mann freute sich auf unseren neuen Mitbewohner.

Baby hat auch Robin gleich gezeigt, wer hier im Haus die Chefin ist, und so waren die Fronten ganz schnell geklärt.

Es waren sehr schöne Jahre mit unseren drei Vierbeinern.

Dann kam der Tag, an dem Anneliese von uns gehen musste, sie wurde acht Jahre alt.

Anneliese zeigte mir, wie eine Kommunikation zwischen Mensch und Tier zustande kommen kann. Anneliese konnte auf ihre Art sprechen, denn das, was Anneliese konnte, habe ich noch bei keiner Katze gesehen. Sie machte Geräusche, indem sie ihre Oberlippe bewegte, und als ich mit ihr geredet habe, hat sie mir auch immer auf dieser Art geantwortet. Da ich zu diesem Zeitpunkt schon Schamanin war, konnte ich Anneliese mit der

Zeit verstehen. Dann hat Anneliese eines Tages angefangen zu niesen, ich bin sofort mit ihr zum Tierarzt gefahren. Ich ließ alle Laboruntersuchungen, die zu der Zeit wichtig waren, machen. Also gut, da waren wir zuerst mal beruhigt, denn die Tests sind alle negativ ausgefallen. Ich sah immer wieder große blaue Lichtbälle, ich wusste nicht so richtig, was sie zu bedeuten hatten, denn niemand außer mir sah diese blauen Lichtbälle.

Eines Tages saß Anneliese vor mir und da sah ich an ihrer rechten Halsseite einen Kreis austreten mit unglaublichen schönen Farben: blau, rot, gelb, orange. Ich wusste sofort, das kann Annelieses Seele sein. Das durfte ich nur einmal sehen. Das Ganze hatte sich wieder entspannt, bis zu jenem Sonntagmorgen, Anneliese war gerade acht Jahre alt geworden. Als ich an diesem Morgen aufwachte, dachte ich, ich muss nach Anneliese sehen, und da saß sie im Esszimmer und hat ganz kurz geatmet. Ich sagte zu meinem Mann: »Mit Anneliese stimmt was nicht, ich rufe in der Tierklinik an.« – »Ach was«, sagte mein Mann, »geh doch morgen mit Anneliese zum Tierarzt.«

Anneliese signalisierte mir: »Hilf mir!« Ich rief in der Tierklinik an und konnte auch sofort mit Anneliese zur Behandlung kommen. Ich musste sie dort lassen, und es war furchtbar, was mir die Tierärztin sagte, sie gehe davon aus, dass Anneliese Wasser im Herz hat und dass es keine Rettung mehr für Anneliese gibt. Sie müsse Anneliese erst richtig untersuchen, ich solle Anneliese dalassen und am nächsten Tag anrufen. Ich rief noch am selben Tag in der Tierklinik an, man konnte mir noch kein Ergebnis sagen, also musste ich bis zum nächsten Tag warten.

Am nächsten Tag war dann das Furchtbare klar, Anneliese sollte eingeschläfert werden, denn es gab keine Rettung mehr. Meine Freundin Ute begleitete mich an dem Tag, als Anneliese von der Tierärztin erlöst werden durfte.

Dann brachte man mir Anneliese, damit wir uns voneinander verabschieden konnten. Es war furchtbar und dennoch heilig. Ich bedankte mich bei Anneliese für die schöne Zeit, die wir miteinander hatten. »Sei nicht traurig«, sagte sie, »ich kann hier nicht mehr bleiben, die Rettung gibt es hier für mich nicht.« Ich erzählte Ute, was Anneliese mir sagte. »Was hat sie damit gemeint?«, fragte ich Ute. Sie sagte: »Ganz klar, hier auf der Erde kann sie nicht bleiben, die Rettung gibt es nur im Katzenhimmel.«

Nachdem Anneliese und ich uns voneinander verabschiedet hatten und die Tierärztin Anneliese die erlösende Spritze geben wollte, sagte Ute zu ihr: »Können wir in einen anderen Raum gehen, in dem ein Fenster ist?«, denn in diesem Raum, in dem wir uns voneinander verschiedet hatten, war kein Fenster.

Die Tierärztin sagte: »Selbstverständlich«, und so gingen wir mit Anneliese in einen Raum mit Fenster. Ute sagte zur Tierärztin: »Können Sie bitte das Fenster aufmachen, damit die Seele von Anneliese frei sein kann?«
Das tat sie, und Annelieses Seele schwebte hinaus und kam wieder zurück, um sich in meiner Aura mit nach Hause nehmen zu lassen.

An diesem Mittag haben wir Anneliese noch begraben, und das Schönste war, Baby, die Katzendame, und Robin haben sich noch von Anneliese verabschiedet.

Ich ging, um dieses Drama um meine Anneliese zu verarbeiten, jeden Tag zu meinem Baum »Björn Ole«. Und da saß ich nun jeden Tag und habe um Anneliese getrauert; obwohl ich weiß, dass es nur den physischen Tod gibt, muss man dennoch Trauerarbeit leisten, und dies macht jeder auf seine Art und Weise.

Als ich, nachdem Anneliese erlöst wurde, mit der behandelnden Tierärztin sprach, denn ich konnte einfach nicht verstehen, dass dies geschehen konnte, sagte sie mir: »Frau Scholl, Sie haben Anneliese vor dem Erstickungstod gerettet, denn wenn Sie am Sonntag nicht gleich mit Ihrer Katze gekommen wären, dann wäre Anneliese qualvoll erstickt.« Das war dann ein Trost für mich.

Eines Tages, als ich dann mal wieder an meinem Baum sitzend lehnte, hörte ich eine Stimme, so wunderschön, wie ich sie noch nie gehört hatte: »Elisabeth, Elisabeth, wir werden uns wiedersehen, du wirst wissen, dass ich es bin, denn egal in welcher Sprache du meinen Namen hörst, du wirst wissen, dass ich es bin – Anneliese.« Von einem Weinkrampf geschüttelt, ging ich dann nach Hause, und von dem Tag an war ich nicht mehr traurig, denn ich weiß, ich werde Anneliese/Elisabeth wiedersehen.

Diese blauen Lichtbälle, die ich vor Annelieses Tod sehen durfte, sah ich wieder, bevor Baby, die Katzendame, im hohen Alter von achtzehn Jahren und vier Monaten von uns ging.

**»Ich will wissen, ob du Schönheit sehen kannst, selbst wenn es nicht jeden Tag schön ist, und ob du die Quelle deines Lebens in Gottes Gegenwart finden kannst.«**

Robin

Anneliese

## BABY, eine Katzendame

Baby kam zu uns, als sie vier Wochen alt war. Sie war so klein, mein Mann konnte Baby in seine Hosentasche stecken.
Bevor Baby zu uns kam, hatten wir Cindy, Nicki, Benni, und noch mal Cindy, alle vier Katzen sind nach drei Jahren einfach so verschwunden, niemand weiß, was mit diesen wundervollen Katzen geschah. Dann kam Lucky zu uns. Lucky wurde nur ein halbes Jahr alt, dann musste er eingeschläfert werden, er hatte Katzenaids, das war 1993.
Eines Tages sagte mein Neffe Tobi zu mir: »Tante Sigrid, ich habe eine Katze für dich.« – »Ja ich freue mich«, war meine Antwort. Die Katze von

Tobis Klassenkameraden hatte einige Junge bekommen. Dann sagte Tobi: »Tante Sigrid, ich habe dir die schönste Katze ausgesucht.«

Das war die stolze und wunderschöne Katzendame Baby, wir nannten sie Cleopatra.

Weil sie so klein war, sagte ich immer wieder: »Du bist mein kleines Baby, mein kleines süßes Baby«, und so blieb es bei dem Namen Baby.

Als mein Sohn Björn noch zu Hause wohnte, war Baby seine Katze, Baby war beim Fernsehenschauen und immer wenn er sich ins Bett gelegt hatte an seiner Seite.

Baby war immer da, obwohl sie auch nach draußen ging. Auf Baby war Verlass und man konnte fast die Uhr nach ihr stellen.

Als Björn dann auszog, hat sich Baby zu meinem Mann hingezogen gefühlt, obwohl ich Baby immer oder meistens gefüttert habe, war ihr die Couch und das Bett mit meinem Mann zu teilen lieber als mit mir.

Baby hat dann immer wieder meinem Mann und mir viel abgenommen, sogar einen Teil meiner Bandscheibenvorfälle.

Um zu wissen, was Baby alles auf sich genommen hat, musste ich erst den schamanischen Weg gehen. Meine Schamanin machte mich aufmerksam, was Baby alles für uns getan hat, und ich freute mich, diese Energien spüren zu dürfen. Wir dankten ihr, indem wir ihr Leben, vor allem als sie dann schon sehr alt war, so angenehm wie möglich machten.

»Baby kann unsere Gedanken lesen«, sagte ich immer wieder zu meinem Mann. Mein Mann lächelte immer nur so vor sich hin, denn er glaubte mir das nicht.

Baby hat mich immer schon erwartet, wenn ich vom Einkaufen nach Hause kam. Da ich ab und zu ein Putenschnitzel für Baby in meinem Einkaufskorb hatte, verfolgte sie ihn jedes Mal, sie gab dann so lange keine Ruhe, bis sie dieses Putenschnitzel in ihrem Fressnapf hatte. Für Baby war das immer ein Festfresschen.

Eines Tages sagte meine Schamanin Magdalena zu mir, sie war gerade mal wieder ein Wochenende da: »Du, Sissy, Babys Kreuz ist total kaputt und an ihren Nieren hat sie einen Tumor.« Ich erschrak, denn dass Baby, die stolze Katzendame, eines Tages nicht mehr da sein sollte, konnte ich mir zu diesem Zeitpunkt nicht vorstellen.

Ich wusste genau, dass Baby mir einen Teil meines Bandenscheibenleidens abgenommen hatte. Ich hatte immer wieder Nierenbeckenentzündungen, und daher ist mir natürlich auch klar, dass Baby mir da auch sehr viel abgenommen hat. Ich konnte mich zwar mit Reiki erfolgreich selbst behandeln, dennoch ist mir bewusst, dass mir Baby geholfen hat, dieses Leiden loszuwerden.

Ich sagte zu Baby: »Bitte bleib noch mindestens vier Jahre«, und Baby blieb noch vier Jahre bei uns. Dann genau nach diesen vier Jahren ist Baby mit achtzehn Jahren und vier Monaten von uns gegangen.

Baby hatte dann eines Tages einen Schlaganfall, sie lebte dann noch zwei Tage.

Wir ließen Baby von ihrem Leiden erlösen, es war für meinen Mann und für mich furchtbar, mit ansehen zu müssen wie Baby stirbt.

Es war für uns auch sehr wichtig, dass wir uns von Baby verabschieden konnten.

Ich durfte die Gnade erleben und sehen, wie Babys Seele aus ihrem Körper austrat.

Babys Seele schwebte direkt in die Aura meines Mannes.

Wir begruben unsere stolze Katzendame Baby neben Anneliese.

Ich weiß, dass beide Katzen immer wieder einen Besuch vom Katzenhimmel herunter zu uns machen, und ich freue mich jedes Mal, wenn ich sie sehen oder fühlen darf.

# ELVIS

Elvis wurde am 11. März 1999 geboren und war circa sieben Wochen alt, als ihn mein Bruder beim Züchter abholte. Meine Schwägerin, meine Eltern und mein Onkel begleiteten meinen Bruder.

Elvis ist ein Mischling: Schäferhund und Bernersenner. Elvis, der Liebling der Familie, ist ein temperamentvoller, lieber Hund.

Ich hatte mein Leben lang Angst vor Hunden. Dank Elvis konnte ich meine Angst überwinden. Meinem Vater, der in dieser Zeit in Rente ging, kam es sehr gelegen, jeden Morgen mit Elvis Gassi zu gehen. Meinem Bruder und meiner Schwägerin kam das natürlich auch sehr gelegen, da beide berufstätig sind. Jeden Mittwochnachmittag treffen wir uns bei meinen Eltern zum Kaffee. Auch Elvis war immer dabei, denn Treffen bei Oma und Opa waren für Elvis das Größte. Da Tiere die Energien und Gedanken von uns Menschen erfassen können, wusste Elvis natürlich immer, wann es Mittwoch war. Mein Bruder konnte Elvis kaum noch halten, wenn es auf vier Uhr Nachmittag zuging.

Es war jeden Mittwoch zwar immer das gleiche Ritual, dennoch immer aufs Neue was Besonderes mit Elvis.

Von meiner älteren Schwester bekam Elvis immer einen Knochen zum Abknabbern, da sie und ihr Mann eine Metzgerei führen. Von mir bekam Elvis jeden Mittwoch Hundeleckerli. Von meinem Mann bekam er dann noch Kuchen, und somit war es für Elvis immer wieder aufs Neue ein besonderer Tag. Denn bei meinen Eltern werden nicht nur ihre Kinder und Enkelkinder verwöhnt, sondern auch die Hunde der Familie.

Da mein Vater nach seiner Pensionierung Elvis jeden Morgen ausführte, wurde er so richtig fit.

Elvis kam also zur richtigen Zeit zu meinem Bruder und meiner Schwägerin. Sogar meine Mutter, die mit Bewegung nicht so viel im Sinne hatte, wurde beweglicher durch Elvis, denn sie holte jeden Morgen meinen Vater und Elvis von ihrem Spaziergang ab. Es war einfach eine schöne Zeit mit dir, Elvis. Danke!

Dann gingen wir, die ganze Familie, in einen Kurzurlaub. Der Grund, warum wir das taten, war Elvis. Ich freute mich so richtig, so konnte ich Elvis noch besser kennenlernen, obwohl wir in der Zeit, als Elvis noch lebte, immer wieder Wandern waren. Es war lustig, interessant und auch lehrreich. Dann bei einem Spaziergang tollte mein Mann mit Elvis herum, wir anderen freuten uns und hatten riesigen Spaß dabei.

Mein Bruder sagte zu meinem Mann: »Pass auf, treibe es nicht so wild, unterschätze die Kraft meines Hundes nicht.« Mein Mann hörte nicht auf ihn und tobte noch wilder mit Elvis, dann fiel mein Mann hin und Elvis beugte sich über ihn und man sah dem Hund seine Freude an. Er wusste natürlich nicht, dass mein Mann sich dabei verletzt hatte. Eine Rippenprellung meines Mannes war das Ergebnis dieses Tobens, da er nicht auf meinen Bruder hörte. Dennoch war es ein sehr schöner, gelungener Kurzurlaub, mit sehr viel Freude für uns alle.

Elvis bekam dann die Schäferhundkrankheit HD.

Er wurde elf Jahre alt. Meine Schwägerin und mein Bruder pflegten Elvis drei Wochen Tag und Nacht, sie schliefen sogar in dem Zimmer, in dem

Elvis lag, denn sie wollten Elvis in diesem Zustand nicht alleine lassen. Dann am 20. Juni 2010 wurde Elvis erlöst. Das war für uns alle schlimm, für meinen Bruder und seine Familie war es furchtbar, und jeder trauert auf seine Art und so war es dann auch. Heute erinnern wir uns immer wieder sehr gerne an Elvis.

Am 5. Februar dieses Jahr mussten mein Bruder und meine Schwägerin ihren Kater Micky einschläfern lassen. Micky wurde zwanzig Jahre und sechs Monate alt. Er war einfach schon ein sehr alter Kater, dennoch war es für die beiden schlimm, auch ihre zwei Kinder trauern um Micky. Auch Micky hatte bei meinem Bruder und seiner Frau ein schönes Katzenleben, und vor allem hatte er elf schöne Jahre mit Elvis.

## Bonnie »Bonita«

Eine Hundedame, mit sehr viel Selbstbewusstsein und Stärke, denn hätte sie diese Stärke nicht, würde Bonnie schon nicht mehr leben.

Bonnie kam vor sechs Jahren zu meiner Schwester, eine Freundin meiner Schwester fragte sie: »Kannst du Bonnie bitte zwei Wochen betreuen?« Meine Schwester sagte »Ja«, denn sie hatte schon des Öfteren auf Bonnie aufgepasst, so kannten wir, der Rest der Familie, Bonnie auch schon.

Ich liebe Bonnie so sehr, dass ich sie dauernd drücken könnte, und Bonnie liebt mich auch, das zeigt sie mir jedes Mal, wenn wir uns sehen. Und überhaupt freut sich Bonnie über alle Menschen. Bonnie ist ein Mischling: Yorkshire und Pekinese.

Nach den vereinbarten zwei Wochen holte die sogenannte Freundin meiner Schwester Bonnie nicht ab. Bonnie sollte ins Tierheim, wenn meine Schwester Bonnie nicht behalten würde. Wir waren alle erst mal geschockt, denn diese Freundin meiner Schwester hatte sich noch einen Hund zugelegt, nun war Bonnie überflüssig. »Bonnie ins Tierheim geben, NEIN, das kann nicht sein, Bonnie bleibt hier bei mir«, sagte meine Schwester. Meine Schwester lebte zu diesem Zeitpunkt mit ihrem jüngsten Sohn allein, und so war es erst mal schwierig für sie, Bonnie zu behalten. Doch wir anderen sagten: »Bevor Bonnie ins Tierheim kommt oder wieder zu dieser herzlosen Frau, teilen wir uns Bonnie auf, dass jeder von uns sich um Bonnie kümmert.« Es war dann einfacher, als wir alle dachten, denn meine Schwester wohnte im selben Haus wie meine Eltern und somit war es dann kein Problem mehr für sie, Bonnie zu behalten. Denn es ist ein Segen für unsere Eltern, dass Bonnie bei meiner Schwester bleiben durfte. Mein Vater führte zu diesem Zeitpunkt jeden Morgen den Hund meines Bruders aus, und Bonnie durfte jeden Morgen mit Gassi gehen. Doch leider ist Elvis, ein Schäferhund-Bernersenner-Mischling, vor drei Jahren gestorben, und so war und ist es auch sehr gut, dass Bonnie zu diesem Zeitpunkt schon bei meiner Schwester war, denn zuerst hielt Elvis und dann Bonnie meine Eltern fit.

Bonnie ist einfach Bonnie, denn sie ist eine, jetzt ältere, von uns Familienmitgliedern verwöhnte süße Hundedame mit Biss.


## Taylor

Nach dem Heimgang von Anneliese und Katzendame Baby war für mich klar, jetzt ist es Zeit für einen Hund. Robin ist eine starke Persönlichkeit, er wird sich Respekt verschaffen.

Es war der 14. Dezember 2011, meine Schwägerin hatte ihren runden

Geburtstag, also lud sie uns, die ganze Familie, zum Essen ein und danach noch zu einem Umtrunk bei ihnen zu Hause.

Mein Bruder sagte während des Essens: »Wir haben gerade einen Hund in Pflege und wahrscheinlich möchte der Besitzer des Hundes ihn nicht behalten.« Ich machte mir darüber keine Gedanken, was mein Bruder sagte. Denn wenn wir uns einen Hund aussuchen, dann sollte es ein Welpe sein. Wir kamen dann nach dem Essen im Haus meines Bruders und meiner Schwägerin an, und da lag er auf seiner Decke – TAYLOR.

Es roch sehr streng in ihrem Wohnzimmer, wo Taylor lag, und ich dachte: Oh je, wenn ein Hund so stark riecht, dann stimmt mit ihm was nicht.

Mein Mann und ich, wir schauten uns Taylor an. Er sah mir in die Augen und ich ihm und schon war es geschehen, ich verliebte mich sofort in Taylor und sagte zu meinem Mann: »Wir nehmen den Hund gleich mit nach Hause.« Mein Mann bekam einen Schreck über meine Aussage und so musste Taylor noch bei meinem Bruder bleiben.

Mein Bruder und seine Frau hätten Taylor gerne behalten, aber da war noch Kater Micky, der zu diesem Zeitpunkt schon neunzehn Jahre alt war. Taylor war schon eine Woche bei meinem Bruder, und Kater Micky war das zu viel, denn er machte überall hin, er konnte es nicht ertragen, dass da ein Hund in seinem Revier war. Das ist natürlich auch verständlich. Mein Bruder sagte: »Wir würden Taylor sofort behalten, wenn Kater Micky ihn akzeptieren könnte«, und das war ja nicht der Fall. Es wäre für die beiden auch gut gewesen, da ja Elvis zwei Jahre zuvor in den Hundehimmel aufgestiegen ist. Ich schupste meinen Mann immer wieder an und sagte: »Sieh dir dieses liebe Gesicht an, diese braunen lieben und treuen Augen.« – »Nein«, sagte er, »jetzt einen Hund zu haben ist nicht der richtige Zeitpunkt für uns.« Er wusste nicht, dass er sich getäuscht hatte. Mein Onkel und mein Vater sagten immer wieder: »Sigrid, das ist ein Hund für dich.« – »Natürlich«, war meine Antwort, »ich weiß.«

Der Abend ging zu Ende und wir verabschiedeten uns und fuhren nach Hause.

Mein Bruder erwähnte noch, wenn von uns keiner den Hund übernimmt, dann wird er wohl im Tierheim landen. Das konnte ich nicht zulassen, also bearbeitete ich meinen Mann das ganze Wochenende. »Komm – gib deinem Herz einen Stoß und sage ja zu Taylor.«

Sonntagabend war es dann so weit, mein Mann sagte Ja, und ich wusste genau, dass Robin Taylor akzeptiert, wenn er in unser Haus kommt.

Ich rief dann am Montagmorgen bei meinem Bruder an und hatte meine Schwägerin am Telefon. Ich sagte: »Wir nehmen Taylor zu uns«, sie weinte vor Freude und sagte: »Sigrid, Gott sei Dank. Der Hund bekommt ein sehr gutes Zuhause.« Taylor war zu diesem Zeitpunkt dreieinhalb Jahre alt. Da Taylor ein Schäferhund-Husky-Mischling ist, war es im Nachhinein mutig von meinem Mann und mir, dass wir Taylor übernommen haben.

Ich fuhr noch am selben Tag zum Einkaufen für unser neues Familienmitglied, und wir holten ihn dann am Mittwoch bei meinem Bruder und meiner Schwägerin ab.

Vom ersten Tag an ist es nur schön mit unserem Hund; Robin hat sich ziemlich schnell bei Taylor Respekt verschafft und so geht es sehr gut mit den beiden.

Taylor ist neben Kater Robin einfach ein absoluter Sonnenschein und macht uns nur Freude.

# 3 Baumhaus im Wildparadies Tripsdrill

Tripsdrill, ein Erlebnispark, wenige Kilometer entfernt von meinem Wohn-
ort.
Schon als wir Kinder waren, war es immer ein Erlebnis, nach Tripsdrill zu
fahren. Denn neben dem Erlebnispark ist da auch noch der Tierpark, das
Wildparadies. Im wahrsten Sinne des Wortes ein Paradies für wilde Tiere.
Im Wildparadies wohnen: Europäische Wölfe, Polarwölfe, Luchse, Bären,
vor kurzem erst wurden drei Bärenbabys geboren, Barbara, Bärbel und
Bettina. Füchse, Adler, Geier u.v.m. wohnen auch noch dort.
Und natürlich fühlt sich das Rotwild auch sehr wohl im Wildparadies.

Dann gibt es noch die Altweibermühle, eine lange, kurvenreiche Rutsch-
bahn. »Wenn du alt bist, kannst du runterrutschen und du kommst unten
jung wieder heraus.« Tripsdrill, auch für Schulklassen ein erlebnisreiches
Ausflugsziel.
Die neueste Attraktion sind die Baumhäuser.

Als ich die Baumhäuser zum ersten Mal sah, wurde ich sofort an »Hänsel und Gretel« erinnert.

Da die Baumhäuser aus Robinienholz gebaut wurden, wirken sie geheimnisvoll und mystisch und haben im Wald einen idealen Platz in der romantischen und urigen Umgebung.

Und das Gute daran ist, um den Waldboden nicht unnötig zu belasten, wurde, um die Baumstämme im Boden zu befestigen, auf Beton bewusst verzichtet.

Ich sagte zu meiner Freundin Ingrid, die dabei war, als ich mir die Baumhäuser anschaute: »Da möchte ich mal übernachten.« Ingrid sagte sofort: »Das machen wir.« – »Wieso wir?«, sagte ich zu ihr. »Weil ich das mit dir erleben und genießen möchte«, antwortete sie. Ingrid ist nun mal so, anhänglich, unternehmungslustig, zuverlässig, und organisieren tut sie auch liebend gern.

Es war zu der Zeit gerade Vorweihnachtszeit, in Tripsdrill ist an den Adventssonntagen immer Tierweihnacht. Und so waren Ingrid und ich natürlich dort. Für die Kinder kommt dann immer der Nikolaus, auch für die großen Kinder, und so bekamen Ingrid und ich auch Nikolausgeschenke.

Wir freuten uns darüber, denn Ingrid kennt die Besitzer von Tripsdrill gut, und so brachte uns der Nikolaus auch noch leckeren Glühwein.

Wir saßen dann später noch etwas im Zelt, da kam Herr Fischer, einer der Chefs von Tripsdrill, wir unterhielten uns, und so kam das Gespräch natürlich auch auf die Baumhäuser. Da sagte Herr Fischer auf einmal: »Wollt ihr mal in ein Baumhaus reinschauen?« – »Ja«, riefen Ingrid und ich begeistert, und so machte Herr Fischer mit uns eine Besichtigung in einem der Baumhäuser.

»Wow!«, riefen wir ständig vor Begeisterung aus. »So schnell wie möglich möchte ich in einem der Baumhäuser übernachten«, sagte ich.

Es wurde dann Sommer, und mein Wunsch, mal in einem Baumhaus zu übernachten, war nach wie vor da.

Dann sagte ich eines Tages: »So, jetzt, liebe Ingrid, ruf doch einfach mal in Tripsdrill an und frage, wann wir ein paar Tage dort übernachten können.« Gesagt, getan, Ingrid rief in Tripsdrill an und man sagte ihr, es sei nur noch ein Baumhaus vom 3.–6. September frei. »Oh schade!«, sagte ich. »Am 3. September ist mein Geburtstag, ich kann doch meinen Geburtstag nicht im Baumhaus verbringen. Bei uns in der Familie werden immer Geburtstage gefeiert, und ich möchte diese Tradition nicht unterbrechen.«

»Wieso sollen wir da nicht im Baumhaus sein!«, sagte meine Freundin Birgit. Wir hatten gerade unsere Yoga-Stunde beendet. Da wir zu viert diesen Kurzurlaub machen wollten, war dann auch Sandy von Birgits Idee ganz begeistert und so wurde ich überstimmt.

Meine Freundinnen schenkten mir den Aufenthalt im Baumhaus zum Geburtstag. So feierte ich mit meinen Verwandten, Nachbarn und Freunden meinen Geburtstag im »Tannenhäusle«, dies ist der Name des Baumhauses, in dem wir die drei Tage wohnten, denn alle sechs Baumhäuser haben einen Namen.

Meine Freundinnen Birgit, Ingrid und Sandy langten kräftig zu an diesen zwei Geburtstagstagen. Ich feiere immer an zwei Tagen meinen Geburtstag, denn ich habe eine große Familie und noch Nachbarn und Freunde, das wird sonst zu viel auf einmal.

Dieser Geburtstag war einfach was ganz Besonderes, nicht nur, dass ich im Baumhaus feierte, sondern Roland Bless, ein Musiker einer bei uns in Deutschland sehr berühmten Band, sang an diesem Geburtstagsabend für mich und meine Gästen; das war einfach nur schön.

Ingrid und ich, wir lernten Roland einen Tag zuvor kennen. Wir waren bei einem Konzert von ihm, auf einer Burg in der Nähe unseres Wohnorts. Roland sang wunderschöne Lieder, und ich dachte so bei mir: Es wäre super, wenn Roland morgen auf meinem Geburtstag singen würde. Auf einmal sagte Ingrid: »Du Sissy, der könnte doch morgen auf deinem Geburtstag singen.« – »Kannst du Gedanken lesen?«, fragte ich Ingrid, denn genau diesen Gedanken hatte ich auch. Ingrid sagte lachend »Ja«, und so fragte sie Roland. Wir standen in der Pause bei seinen CDs, er kam freundlich auf uns zu und sagte: »Das kann der Beginn einer wunderbaren Freundschaft werden, ich finde euch so freundlich und gesprächig«, wir sagten wie aus einem Munde: »Wir dich auch.« Und so fragte Ingrid ihn sofort, ob er denn am nächsten Tag Zeit hätte, um auf meinem Geburtstag zu singen. »Ich fliege morgen ins Ausland«, sagte Roland freundlich, »aber wartet mal ab, ich lasse mir etwas einfallen.« Kurze Zeit später ging es weiter und er sang schöne und gefühlvolle Lieder für uns, seine Gäste. Roland kam nach seinem Auftritt wieder zu uns, lud uns zu einem Getränk ein und sagte: »Du Sigrid, für dich habe ich meinen Flug umgebucht, wann soll ich wo sein?«

Ich sagte zu Roland, wann er wo sein sollte, und er freute sich sehr, in Tripsdrill und auch in einem Baumhaus Musik zu machen.

Meine Gäste waren begeistert, als Roland dann am nächsten Abend an meinem Geburtstag seine eigenen getexteten Lieder sang. Er blieb dann auch noch ziemlich lange bei uns sitzen, es war eine warme, wunderschöne Nacht, und er sagte: »Wenn ich morgen früh nicht schon um fünf Uhr aufstehen müsste, dann würde ich noch liebend gerne sitzen bleiben.« – »Schade!«, sagten wir, es war eine gelungene Geburtstagsfeier mit Sänger Roland. »Wir sehen uns wieder«, sagten wir und verabschiedeten uns herzlich von Roland, und so war es dann auch.

Es gibt von diesem Abend schöne Bilder auf meiner Homepage. Die Adresse findet ihr am Ende meines Buches.

Im November waren wir dann wieder drei Nächte in unserem Baumhaus. Wir hatten wieder sehr schöne Erlebnisse. Wir werden dieses Jahr wieder ein paar Nächte im Baumhaus verbringen, denn wenn man einmal dort war, dann zieht es einen immer wieder ins Baumhaus zurück.

Meine Erlebnisse mit einem Wolf und einem Fuchs im Wildpark möchte ich hier erzählen.

Da es zu gefährlich ist, im Baumhaus zu kochen, frühstückt man im Lokal mitten im Wildpark, der »Wildsauschenke«.

Wir sind immer bei den Wölfen, Füchsen und Luchsen vorbeigekommen, wenn wir zum Frühstücken gingen.

Als wir am zweiten Morgen am Wolfsgehege vorbeikamen, lag ein Wolf am Boden und zitterte. Ich sah sofort, dass es ein alter Wolf war, und sah auch, dass er Herz- und Kreislaufprobleme hatte.

Wir waren aufgeregt und besorgt, und ich sagte zu Ingrid: »Wenn wir im Lokal angekommen sind, dann sagst du gleich Bescheid, dass es einem Wolf schlecht geht.«

Gesagt, getan. Ingrid ging sofort zum Tresen und sagte zu der Dame hinter dem Tresen: »Bitte sagen Sie Herrn Fischer, dass ein Wolf Hilfe benötigt.« Ich wusste, dass sofort nach dem Wolf geschaut wird. So waren wir erst mal beruhigt.

Als wir vom Frühstück zurückliefen und am Wolfsgehege vorbeikamen, waren wir beruhigt, denn der Wolf war nicht zu sehen, und so wussten wir, dass nach dem Wolf geschaut wird.

Wir trafen dann am Nachmittag, nachdem wir leckere Waffeln gegessen und einen Kaffee getrunken hatten, in der Wildsauschenke Herrn Fischer und fragten ihn, was mit dem Wolf los war.

Herr Fischer sagte, dass er umgehend den Tierarzt angerufen hat, und der war auch gleich gekommen, er konnte dem Wolf sofort helfen. Der Tierarzt sagte zu Herrn Fischer: »Der Wolf ist schon ein alter Herr und er hatte Herz- und Kreislaufprobleme, die ich mit einer Aufbauspritze beheben konnte.«

Als wir am nächsten Tag auf dem Weg zum Frühstück waren, gingen wir wieder am Wolfsgehege vorbei und da saß der Wolf schon wieder ganz entspannt da. Wir blieben am Wolfsgehege stehen, und als der Wolf uns sah, stand er auf und drehte sich für uns einmal links im Kreis und einmal rechts im Kreis, das war eine ganz große Freude und Ehre für uns, und ich bedankte mich bei dem Wolf für uns drei bei ihm. Ich sagte zu meinen Freundinnen: »Was der Wolf da macht, das ist der Dankestanz für uns.«

Neben dem Wolfsgehege sind die Luchse, und zwei von den Luchsen haben uns jedes Mal begleitet, wenn wir vorbeiliefen, so weit ihr Gehege reichte. Auch das war ein fantastisches Erlebnis.

Nach dem Luchsgehege kommt man zu den Füchsen. Als wir bei den Füchsen ankamen, blieb ich stehen, mir fiel einer von ihnen auf, meine Freundinnen blieben dann auch stehen und so konnten sie die Kommunikation zwischen dem Fuchs und mir miterleben.
Ich sagte zu dem Fuchs: »Du bist schön, du bist wunderschön«, der Fuchs kam näher und immer näher. Ich sagte: »Du bist so schlau und intelligent, dass dich die Menschen für falsch halten und das, bin ich der Meinung, stimmt nicht. Du bist nicht falsch, sondern du bist besonders schlau.« Der Fuchs saß direkt vor mir und man konnte sehen, dass er mir zuhörte.
Am nächsten Morgen unterhielt ich mich wieder mit dem Fuchs, und es war eine Ehre für mich, denn er grub einen Vogel aus und brachte ihn mir. Er fraß ihn vor mir, und ich weiß, er hätte mir erlaubt mitzuessen.
Die Begegnungen mit dem Fuchs und dem Wolf waren Erlebnisse der besonderen Art.

Herbst im Wildpark

# 4 Mutter Erde kommt zu Wort

Wir müssen aufhören unsere Mutter Erde zu zerstören, wir, die wir hier auf Erden leben.

**SORRY LADY**

Größenwahn zerreißt dir deine Haut.
P.M.

Bitte hört auf, die Flüsse, die Meere und die Atemluft mit Umweltgiften zu verseuchen. Die Wälder abzuholzen, denn ihr wisst, die Bäume sind meine Lungen, und wie kann ich atmen, wenn ich keinen Sauerstoff bekomme. Hört auf, tief in mich hineinzubohren und Löcher in meine Haut zu reißen und mir Öl, Gas und andere Mineralien zu rauben.
Ich, eure GROSSE MUTTER, versuche euer wertvolles Leben zu schützen, das auf und in mir lebt.
Ich weiß, ihr könnt nicht anders und ihr müsst viele Dinge tun, die mich zerstören, damit ihr überleben könnt. Ihr müsst wissen, ich habe jetzt noch genug Selbstheilungskräfte, um immer wieder in mein Gleichgewicht zu

kommen. Nur, liebe Erdenbewohner, ich werde mich irgendwann nicht mehr selbst regenerieren können, und das werdet ihr durch noch mehr Naturkatastrophen spüren. Wenn ihr es so weit kommen lasst, dann wird alles Leben, das auf mir und in mir wächst und gedeiht, vernichtet werden.

Ich bin eure MUTTER und ich liebe euch, aber wenn ihr mich noch weiterhin so verwundet, dann werden irgendwann meine Wunden nicht mehr zuheilen können. Der Große Geist versucht alles, um mir zu helfen, damit ich immer wieder in mein Gleichgewicht komme. Wenn meine Schmerzen so groß werden und ich mich drehen und wenden muss, um das alles aushalten zu können, dann werden viele Menschen, Tiere und Pflanzen sterben müssen. Ich frage euch, meine Kinder, welche Mutter möchte ihre Kinder zu früh sterben sehen?

Wenn ihr nicht wach werdet, dann lasst ihr die, die nach euch kommen, im Stich.

Ich kämpfe um mein eigenes Überleben, also hört auf an mir zu zerren, denn alles Leben auf und in mir ist zu kostbar, als dass ich es kampflos aufgeben werde. Und wenn ich kämpfe, dann werden viele Menschen und Tiere sterben müssen. Die, die nach euch kommen, brauchen mich, wie ihr mich jetzt braucht.

Natürlich sind da ein Teil meiner Kinder, die Großartiges für mich und für die Umwelt leisten, aber, liebe Kinder, das reicht nicht aus, ihr müsst immer mehr werden, und jeder von euch sollte seinen Beitrag leisten, dann haben alle eine Chance, um einen gesicherten Platz zum Leben zu haben. Übernehmt Verantwortung für euch und für eure Kinder, Enkel und Urenkel und alle, die nach euch kommen.

Denkt, liebe Kinder, ihr werdet eines Tages wieder hier auf Erden inkarnieren, dann wollt ihr einen gesunden Planeten vorfinden. Auf dem es lebenswert ist zu leben.

## Meditation und Gebet

Liebes Erdenkind, ich möchte dich nun zur Meditation anleiten:
Wenn du meditierst, dann ziehe dein Bewusstsein von allen Gedanken und Gefühlen der äußeren Welt ab. Nun lenke deine Aufmerksamkeit und deine Konzentration auf das Zentrum deines Lichts in der Mitte deines Wesens, das man mit der aufgehenden Sonne vergleichen kann. Auf dein Sonnengeflecht, dort ist der Platz deines hohen Selbst. Der Sitz deiner Seele. Durch diesen Rückzug kann die Seele beginnen, die im Herzen verschlossene innere Weisheit zu entfalten.

Schließe nun deine Augen, atme tief durch die Nase ein und durch die Nase wieder aus. Nun wiederhole dieses noch zweimal.

Lasse nun Wurzeln aus deinen Fußsohlen wachsen, tief in mich, deine Mutter Erde, hinein.
Vorbei an Rosenquarz,
vorbei an Bergkristall,
vorbei an Amethyst,
tief in mein Herz hinein.

Visualisiere nun, dass das Feuer aus meinem Herzen, deiner Mutter Erde, an deinen Wurzeln nach oben steigt.

Vorbei an Amethyst,
vorbei an Bergkristall,
vorbei an Rosenquarz,
hinein in dein Wurzelchakra.
Nun breitet sich meine Herzensenergie in deinem ganzen Körper aus.
Nun bist du mit mir für die Meditation verbunden und geerdet.

Bitte hört auf, die Flüsse, die Meere und die Atemluft mit Umweltgiften zu verseuchen. Die Wälder abzuholzen, tief in mich hineinzubohren und Löcher in meine Haut zu reißen.

Ich, eure Große Mutter, gebe mein Bestes, um euer wertvolles Leben zu schützen.

Wisset, dass ich mich jetzt noch regenerieren kann, durch meine Selbstheilungskräfte, dadurch komme ich in mein Gleichgewicht.

Wenn ihr mich weiterhin so verwundet, werde ich irgendwann meine Wunden selbst nicht mehr heilen können.

Wenn meine Schmerzen so groß werden, dass ich mich drehen und wenden muss, um das alles ertragen zu können, dann werden Menschen, Tiere und Pflanzen sterben müssen.

Ich frage euch, meine Kinder, welche Mutter möchte ihre Kinder zu früh sterben sehen?

Ich bitte euch, lasset die, die nach euch kommen, nicht im Stich.

Bitte beendet alle Tierversuche, denn auch Tiere fühlen Schmerzen, auch sie haben eine Seele.

Gebt diesen Tierseelen eine Chance, zu wachsen.

Durch eure Gebete zu Gott und eure Gespräche mit den Engeln kann euer Bewusstsein in eine höhere Ebene eintauchen.

Denkt daran, liebe Erdenkinder, ihr werdet eines Tages zur Erde zurückkehren und dann möchtet ihr einen gesunden Planeten vorfinden.

**Ich bin eure Mutter und ich liebe euch.**

*Ich segne euch im Namen des großen Geistes, im Namen Jesus Christus, Gottes Sohn und Heiligen Geist.*

Ihr solltet meinen Schmerz fühlen können, wenn ich zusehen muss, wie Tiere in Laboren gequält werden. Wer gibt den Menschen, die das tun, das Recht dazu. Ihr solltet wissen, dass jeder Schmerz eines Lebewesens auch mein Schmerz ist.

Dann werden Tiere zum Teil von Menschen nicht artgerecht gehalten: Wilde Tiere, die Freiraum brauchen, um nicht psychisch krank zu werden. Es sterben Tierarten aus, weil ihnen ihr Platz in der Natur, der ihnen zusteht, weggenommen wird. Liebe Erdenmenschen, bitte denkt nach, was ihr mir, eurem Heimatplaneten, antut, das tut ihr euch selber an. Denn auch dadurch komme ich ins Ungleichgewicht.

Dann was macht ihr mit euren Kindern, wenn ihr sie missbraucht und misshandelt. Eine kranke Kinderseele wird ein kranker Erwachsener. Ihr wisst doch sicher, dass die Kinder eure und meine Zukunft sind.

An dieser Stelle möchte ich euch sagen, dass jeder positive Gedanke, jedes glückliche Kind, jedes glückliche Tier und Pflanzen, die nicht mit Umweltgiften verseucht werden, jedes Gebet, jedes Lachen zu meiner und eurer Heilung beiträgt. Tief in mir brennt ein Feuer, mein Herz-Feuer, liebe Erdenkinder, wenn dieses Feuer erlischt, dann gibt es für mich keine Rettung mehr. Bitte lasst dies niemals geschehen.

Ich danke euch, die für mich beten und Heilmeditationen meditieren. In den letzten Jahren habt ihr für mich und für euch verstärkt gebetet und Meditationen gesprochen. DANKE!
Ihr könnt euch erinnern an den Asteroiden, der am 15. Februar 2013 an mir vorbeigerauscht ist. 2012 DA 14 – diesen Namen gaben ihm die Wissenschaftler. Dieser Asteroid konnte nur an mir vorbeifliegen, liebe Kinder, weil ihr diese fantastische Arbeit für mich und auch für euch getan habt, nämlich ihr habt gebetet und meditiert und habt Gott und die Engel gebeten, alles dafür zu tun, dass dieser Asteroid mich nicht treffen konnte.
Wenn ihr das nicht gemacht hättet, dann wäre ich aufs Äußerste verletzt worden, und viele von euch Menschenkindern würde es jetzt nicht mehr geben.

Ihr habt gesehen, was ein kleiner Meteorit bewirken kann, der einen Tag zuvor über Tscheljabinsk/Russland verglühte.

Ihr habt alles Menschenmögliche getan, um für meine Heilung einzutreten, denn sonst wäre die Apokalypse 2012 eingetroffen, nämlich der Untergang der Erde. Ihr, die dieses bewirkt habt, danke.
Hier noch ein Gedanke zum Mayakalender.
Die Mayas waren ein weitsichtiges und kluges Volk, denn sie wussten, dass die Menschen und ich, Mutter Erde, im Jahr 2012 in ein höheres Bewusstsein eintreten werden.

Seht nun, meine lieben Kinder, was Kraft der Gedanken bewirken kann.

Ich danke euch.

**Mein Geist spricht zu euch:**

Jeder positive Gedanke hilft. Jedes Gebet zu Gott und Gespräche mit den Engeln helfen eurer Mutter zu überleben. Die Veränderung eures Bewusstseins. Die vielen Engel, die verstärkt auf Mutter Erde heruntersteigen, es inkarnieren seit einigen Jahren verstärkt die Kinder des neuen Zeitalters, die sanften und friedlichen Krieger, die Krieger des Lichts. Alles zusammen hilft eurer Mutter Erde, sich zu regenerieren und ihre Selbstheilungskräfte aufrecht zu erhalten.

**Ich will wissen, ob du matt und zerschlagen nach einer Nacht in Kummer und Verzweiflung aufstehen kannst und tun, was für die Kinder nötig ist.**

# 5 Mein spiritueller Weg

»Meine Arbeit ist individuell
und allumfassend«.
Meine Qualifikationen und Fähigkeiten erlauben es mir, Menschen bei
allen ihren Problemen Lebenshilfe zu geben.


## »Astropsychologie«

**»Die Astrologie ist die höchste Wissenschaft, weil sie allumfassend ist,
und immer funktioniert.«**

Ich fange einfach mit meiner längsten Leidenschaft an, der Astrologie, denn
ich habe mich schon als Teenager für die Sterne interessiert, im Sinne von
Tierkreiszeichen.

Astropsychologie ist eine hervorragende Synthese aus Astrologie und
Psychologie.
Sie verbindet astrologisches Wissensgut mit tiefenpsychologischen Er-
kenntnissen.

Astropsychologie ist Lebenshilfe, Selbsterfahrung, Ursachenforschung, Le-
bensthemen, Selbstheilung und Selbstverwirklichung.

Immer mehr Menschen begeben sich heute auf die Suche nach der Begegnung mit sich selbst. Sie wollen mehr über sich erfahren, wollen ihr Leben
bewusster gestalten, den tiefen Sinn ihres Lebens ergründen.
Die Astrologie stellt uns ein Instrument zur Verfügung, in Verbindung
mit der Tiefenpsychologie, das uns tief in das Wesen unserer Existenz
eindringen lässt.
Durch die Astropsychologie können wir Einblicke in unsere eigene
Persönlichkeitsstruktur, in unsere Vergangenheit sowie in die unbe-

wussten Schichten unserer Psyche Zugang zu unserer Wesensmitte finden.

Wenn man diese Symbolsprache versteht, kann man sein eigenes Horoskop als eine Widerspiegelung kosmischer Gesetze in seinem Inneren erleben und auch das seiner Mitmenschen richtig erfassen.

Das Radixhoroskop (griechisch: Radix/Rad) funktioniert folgendermaßen:

Da gibt es den Kreis in der Mitte als Wesenskern. Das höhere Selbst.
Die Planeten, Archetypen, sie sind Werkzeuge für den Astrologen, psychologische Organe.
Die Sumerer – die Begründer der Astrologie – erkannten in den Planeten schon vor fünftausend Jahren kosmische Prinzipien.

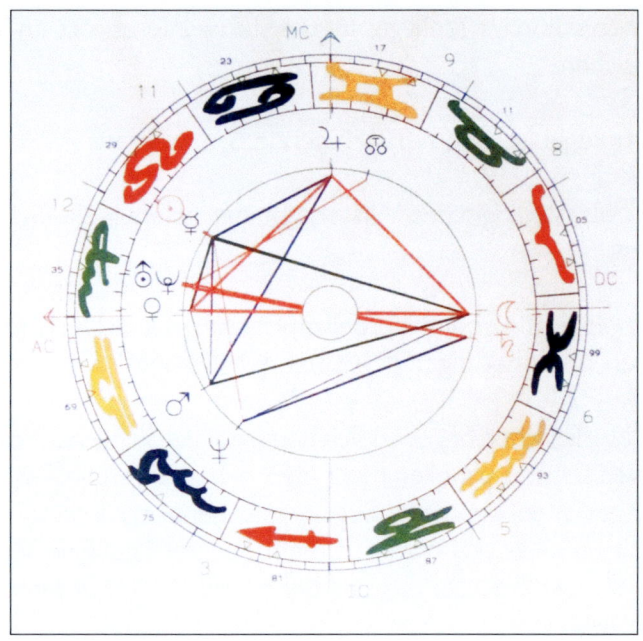

Wir kennen zehn Planeten: Mars, Venus, Merkur, Mond, Sonne, Pluto, Jupiter, Saturn, Uranus, Neptun.

Jedes Tierkreiszeichen hat einen Herrscher, das ist der jeweilige Planet nach dem Schrägstrich.

Die zwölf Tierkreiszeichen: Widder/Mars, Stier/Venus, Zwillinge/Merkur, Krebs/Mond, Löwe/Sonne, Jungfrau/Merkur, Waage/Venus, Skorpion/Pluto, Schütze/Jupiter, Steinbock/Saturn, Wassermann/Uranus, Fische/Neptun.

Dann hat das Radixhoroskop noch 12 Häuser siehe 12 Tierkreiszeichen.

1. Haus Widder, 2. Haus Stier, 3. Haus Zwillinge, 4. Haus Krebs, 5. Haus Löwe, 6. Haus Jungfrau, 7. Haus Waage, 8. Haus Skorpion, 9. Haus Schütze, 10. Haus Steinbock, 11. Haus Wassermann, 12. Haus Fische.

Das Aspektbild stellt die Verbindung zwischen den Planeten dar.

Die meisten Menschen glauben einfach, dass die Astrologie eine Zukunftsvoraussage ist.

Dem ist nicht unbedingt so, die traditionellen Astrologen fragen, wann geschieht etwas, und wir Astropsychologen fragen, warum geschieht was. Wir haben viele Möglichkeiten, astrologisches Wissen anzuwenden.

Es gibt Menschen, die wollen die Astrologie nutzen, um sich Entscheidungen und somit die Selbstverantwortung abnehmen zu lassen. Auch um zu erfahren, wann was Schreckliches oder auch was Gutes passieren wird. Es ist immer eine Prognose.

Wir verstehen unter Prognose in der Astrologie alle Methoden, mit denen wir für irgendwelche Zeitpunkte bestimmte Konstellationen feststellen können, die uns in unserem Handeln oder in unserer Haltung beeinflussen sollen. Und das in jeder Zeitdimension, das heißt für Vergangenheit, Gegenwart und Zukunft.

Die Frage nach der Zukunft lehnt die psychologisch orientierte Astrologie wegen der einseitigen Betrachtung ab, da Voraussagen von Ereignissen die Selbstentfaltung des Menschen hindern kann und aus dem psychologischen Standpunkt schädliche Wirkungen haben können.

Mein größtes Interesse galt der Astrologie, schon als Kind habe ich mich für die Sterne interessiert, ganz sicher aus anderen Gründen als heute, aber dennoch wollte ich immer mehr wissen, als man mir zu der Zeit erzählen oder erklären konnte.

Als ich mir dann irgendwann Zeitungen selber kaufen durfte und konnte, las ich immer die Horoskope, aus diesem Grund kaufte ich sie ja auch. Ich hatte keine Ahnung, wie ich zu Zeitungen kommen sollte, die nur mit Tierkreiszeichen zu tun hatten. In den damaligen sogenannten Zeitungen mit Klatschspalten konnte ich auch über Rückführung lesen, und es war für mich äußerst interessant, und ich habe daran geglaubt.

Allerdings hätte ich zu der Zeit keine Rückführung mit mir machen lassen, denn davor hatte ich Angst. Ich bewunderte die Menschen, die so viel Mut hatten. Mir kamen dann die Bücher von Erich von Däniken in die Hände und so las ich einige Bücher von ihm.
Ich konnte dann auch meinen Vater für Erich von Däniken interessieren.

Damals war ich Anfang zwanzig. Nostradamus gehörte zu der Zeit auch zu meinem Lesestoff, so bekam ich immer mehr Zugang zu den Phänomenen. Ich las zu der Zeit auch vom Maya-Kalender, 2012 sollte die Zeitrechnung zu Ende gehen.

Dass die Welt 2012 sozusagen untergehen sollte, machte mir erst dann Angst, als ich meine Söhne bekommen hatte. Was geschieht mit uns Menschen, was geschieht mit meinen Kindern, wenn ich nicht mehr da bin? Ist der Tod ein schwarzes Loch? Oder gibt es doch das Licht am Ende des Tunnels, von dem ich auch immer wieder gelesen hatte. Auch konnte ich damals in Zeitungen von Menschen lesen, die Nahtod-Erfahrungen hatten. Immer wieder drehte sich alles in meinem Kopf, was ist, wenn …

So vergingen die Jahre. Dann während eines für mich dramatischen Familienproblems und zwei Bandscheibenvorfällen habe ich den Weg zur

Astrologie gefunden. Ich bin mir heute noch sicher, dass dies meine psychische Rettung war.

Endlich konnte ich meiner Leidenschaft nachgehen – der Astrologie.

Wolfgang B. hat seine eigene Astropsychologieschule, ich fand zu ihm durch eine Zeitungsanzeige in einer Astrologiefachzeitschrift. Das war meine Rettung, ich studierte dann mit Erfolg drei Jahre bei Wolfgang B. die Astropsychologie.

Ich konnte dadurch das Erlebte, was zu der Zeit ganz furchtbar für mich war, verarbeiten.

Ich bekam auch Antworten auf meine Fragen, die mich zu der Zeit schon vor mehr als zwanzig Jahren beschäftigten. Endlich konnte ich mir auch selber Fragen beantworten, denn wenn man Horoskope lesen und deuten kann, hat man dann schon einen Zugang zu seinem Inneren. Und zu seinen früheren Inkarnationen, und somit wurde mir immer klarer, dass alle Lebewesen viele Leben haben, denn die Seele ist unsterblich und somit kommen wir immer wieder auf die Erde zurück oder wir inkarnieren auf anderen Planeten.

Das heißt, die Astropsychologie ist die Matrix allen Wissens, sie wäre ohne individuelle geistige Beschränkungen grenzenlos, sie ist ein lückenloses System.

**»Es interessiert mich nicht, wo oder was und mit wem du studiert hast. Ich will wissen, was dich von innen stützt, wenn alles andere wegfällt.«**

## Kartenlegen

Dass ich mal Karten legen werde, und zwar Wahrsagekarten und Tarotkarten, hätte ich mir in meinen kühnsten Träumen nicht vorstellen können. Es kam dennoch so weit.

Eines Tages sagte eine Freundin zu mir: »Du Sigrid, ich habe die Adresse einer Kartenlegerin in S., kommst du mit?« Ich zögerte einen Moment, denn ich war sehr interessiert, hatte aber größten Respekt und Angst davor. »Zwei andere Freundinnen sind auch dabei, also sind wir zu viert.« Ich sagte Ja, da meine Neugier größer war als meine Angst.

Also gut, so fuhren wir nach S. zu dieser Frau, die einen guten Ruf hatte. Zu unseren Männern sagten wir, wir machen Einkäufe in einem bei uns in der Nähe großen Einkaufszentrum.

Dass wir ohne Einkaufstaschen von unserer Einkaufstour zurückkamen, hat keiner von unseren Männern bemerkt. Und so waren wir natürlich froh, da wir alle vier ein schlechtes Gewissen hatten.

Frau P. sagte uns unsere Zukunft voraus. Alles, was sie uns vieren voraussagte, ist früher oder später eingetroffen. Wow, das war natürlich eine grandiose Erfahrung!

Ich traf kurze Zeit später eine Kartenlegerin, bei der ich das Kartenlegen lernen konnte, und so habe ich mich immer mehr und mehr mit den Karten beschäftigt. Ich hatte dann auch die Gelegenheit, bei einer Tarot-Expertin die Kunst des Zigeuner-Tarots zu erlernen.

Zigeuner-Tarot, das diese Frau mich lehrte, kann man nur durch Überlieferung lernen, und so bin ich dann auch mächtig stolz auf mich, dies erreicht zu haben.

Heute bin ich selber Expertin im Kartenlegen und es ist eine ganz besondere Art der Zukunftsweisung.

## Schamanismus

»Mögest du immer Luft zum Atmen,
Feuer zum Wärmen,
Wasser zum Trinken
und Erde zum Leben haben.«

Ein Schamane zu sein heißt, mit kosmischen Kräften und den Kräften der Natur, die in uns und um uns sind, zu arbeiten.
Die älteste geistige Praxis von allen ist der Schamanismus.
Schamanismus hat sehr wenig Regeln und bringt keine Dogmen mit sich.
Ein Schamane hat eine angeborene Gabe, die es ihm ermöglicht, innerhalb des geistigen Reiches zu reisen und zu kommunizieren.
Das Wort Schamane entstammt aus einem sibirischen Stamm für eine Art von Medizinmann oder -frau.
Schamanismus ist eine Technik der Ekstase, in der die Seele des Schamanen den Körper verlässt und sich fortbewegt, um mit Geisthelfern und anderen Wesen zu kommunizieren, um Wissen, Macht und Heilung zu erhalten.
Auf dieser schamanischen Reise verlässt der Schamane die dimensionale Barriere zwischen Raum und Zeit.

Schamanen erkennen, dass alles, was existiert, lebt und miteinander verbunden und voneinander abhängig ist. Stumme Felsen, plappernde Flüsse, Wolken, Bäume, Vögel und Fische.

Tiere und Menschen haben alle ein Leben, alle haben unterschiedliche Frequenzen im Spektrum des Seins. Dieser Glaube, dass alles lebt, wird Animismus genannt und ist auf viele Arten der Höhepunkt der Geistigkeit. Schamanische Heilverfahren sind sehr nützlich, dabei zu helfen, unter anderem innere Kindheitsprobleme und alte emotionale Wunden zu heilen. Dazu gehört auch das schamanische Familienstellen, nach der Tradition der Apachen, den Erfindern dieser Therapie. Es kann helfen bei Lebenskrisen, Depressionen oder einem allgemeinen Gefühl, dass dein Leben nicht so gut läuft, wie es laufen könnte.

### Verbindungen mit einem oder mehreren Krafttieren

Krafttiere sind nicht nur Helfer und Verbündete der Schamanen, sie sind spirituelle Lebensgefährten jedes Menschen.

Immer schon waren Tiere des Menschen nächste Verwandte, gleichzeitig sind sie die ursprünglichen Bewohner der Erde. Aus ihr geboren, vertraut mit ihren Geheimnissen, Gesetzen und Rhythmen. Kinder strecken liebevoll die Hand nach Tieren aus, um sie zu streicheln. Im Tier begegnen wir der ursprünglichen Lebenskraft unmittelbar.

Als Seelenwesen ist das Tier Mittler der universellen Kraft. Dieses haben Schamanen immer schon genutzt. Das Tier ist eines der fünf Grundgestalten des Bewusstseins.

Leidet ein Mensch an Kraftlosigkeit, Erschöpfung, erhöhter Krankheitsanfälligkeit, kann ein Mangel an Vitalkraft vorliegen. Dieser Mensch ist abgekoppelt vom Kreislauf der Kraft, nicht mehr in Übereinstimmung mit den Lebensrhythmen.

Sucht dieser Mensch einen Schamanen auf, wird dieser eine diagnostische Reise zu seinen Verbündeten aufnehmen. Es ist möglich, dass der Schamane zu einem Krafttiergeist für jenen kranken Menschen geführt wird.

Er überbringt das Krafttier durch Einblasen in das Herz und in den Scheitel des Menschen. Das Einhauchen des Lebensodems ist ein uraltes Ritual der Kraftübertragung.
Gemäß dem christlichen Mythos hat Gott den ersten Menschen die Seele eingehaucht.

Dein Krafttier kannst du auf einer schamanischen Reise finden. Es bietet dem Schamanen Schutz und emotionale Stütze, Weisheit und lebenswichtige Energie.
Wenn man die Verbindung zu seinem Krafttier aufrecht erhält, kann man lernen seine Anwesenheit zu fühlen und mit ihm zu kommunizieren.
Man sollte sein Krafttier ehren, indem man Dinge tut, die es erfreut.

**Ich will wissen, wonach du dich sehnst,
und ob du es wagst, davon zu träumen, das Sehnen deines Herzens zu erfüllen.**

# Reiki

»Wer ernsthaft lernt
und hingebungsvoll an sich selbst arbeitet,
um seinen Körper und seinen Geist zu verbessern,
um ein besserer Mensch zu werden,
ist ein ›Mensch von großem Geist‹.
Die Menschen,
die diesen Großen Geist zum Wohle
der Gesellschaft nutzen,
um ihnen den rechten Weg zu zeigen
und Gutes zu tun, nennt man Lehrer.
Einer dieser Lehrer war Dr. Mikaomi Usui.
Er lehrte die Menschen das Reiki des Universums.

Ich hatte bereits den 2. Reiki-Grad, als ich anfing Astropsychologie zu studieren. Während des Studiums ließ ich mich in den 3. Reiki-Grad einweihen, das heißt, ich war dann Reiki-Meisterin/Lehrerin.

Seit meiner Einweihung in den 1. Reiki-Grad gebe ich mir selber jeden Tag Reiki, ihr könnt mir glauben, liebe Leser/-innen, ich habe schon wahre Wunder mit Reiki erlebt. Hier eines davon: Da bei mir zu der Zeit, als ich zum Reiki kam, zwei Bandscheibenvorfälle diagnostiziert wurden, und ich operiert werden sollte, dachte ich: Zuerst werde ich mein Leben umstellen und mir intensiv selber Reiki geben, das hieß für mich damals, meine Selbstheilungskräfte zu aktivieren. Gesagt, getan. Ich hatte einen schmerzreichen langen Weg. Da ich immer noch mit meinem Familienproblem auf das Äußerste psychisch belastet war, war es dann auch nicht ganz einfach für mich, alles, was ich mir vornahm, umzusetzen.

Zuerst gab ich meinen Job auf. Ich arbeitete zu der Zeit in einem bei uns großen Möbelhaus in der Bildergalerie. Ich machte alles, was der Arzt und mein Physiotherapeut zu mir sagten. Nur operieren ließ ich mich nicht. Also gab ich mir selbst Reiki und sorgte auch jeden Tag für meinen Chakrenausgleich.

Ich musste noch eine Zeit lang Untersuchungen über mich ergehen lassen.

Dann war ich eines Tages wieder beim Arzt. Zwischen der letzten Untersuchung und der jetzigen lag ein halbes Jahr.

Mein Arzt hängte meine CT-Bilder nebeneinander, die von der letzten Untersuchung und die von diesem Tag, dann überlegte er und schaute sich immer wieder die Bilder an, mir wurde es schon ganz anders zumute, denn das, was ich sah, waren fragende Blicke. Und ich dachte: Oh je, was ist jetzt los, stimmt was nicht?

Auf einmal sagte er: »Liebe Frau Scholl, wenn ich nicht ganz genau wüsste, dass dies Ihre Röntgenbilder sind, dann würde ich sagen, das kann nicht sein.« – »Was ist los, Herr Doktor?«, war meine Antwort. »Ja«, sagte er, »Ihre eine Bandscheibe hat sich nicht verändert, das ist schon mal sehr gut. Und Ihre andere Bandscheibe hat sich verbessert. Was haben Sie gemacht?« – »Ich weiß nicht, Herr Doktor«, war meine Antwort, gedacht habe ich: Juhu, ich habe es geschafft! Meine Reiki-Behandlungen und das Umstellen meiner Lebensphilosophie haben mich gerettet.

Reiki ist universale Lebensenergie – Rei = fließen, Ki = Energie, also flie-ßende Energie. Reiki ist eine anerkannte Heilenergie, die uns alle umgibt und die wir nutzen können. Durch die Einweihungen erhält unser Körper eine Schwingungserhöhung, und ab dem 2. Reiki-Grad bekommt man Ge-heimsymbole. Die Geheimsymbole intensivieren die Reiki-Behandlungen und man kann Fernbehandlungen durchführen, die sehr wirkungsvoll sind, das weiß ich durch meine eigenen Erfahrungen.
Reiki dient nicht nur der körperlichen Heilung, sondern heilt auch auf mentaler Ebene.
Während meiner schamanischen Ausbildung weihte mich meine Scha-manin in die Reiki-Großmeisterschaft ein. Dies befähigt mich, noch neun weitere Geheimsymbole anwenden zu dürfen. Fantastisch, somit hab ich dreizehn spirituelle Werkzeuge zur Verfügung.
Reiki-Energie durchdringt jede Zelle unseres Körpers und befindet sich in allen Lebewesen und Pflanzen.
Diese Energie wird mittels Handauflegen übertragen und unterstützt die Selbstheilungskräfte.

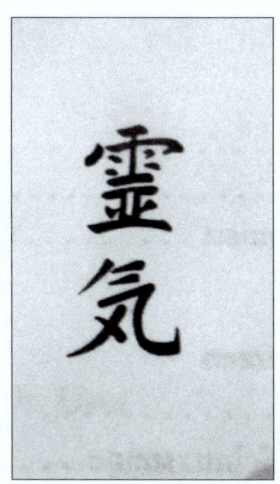

Reiki-Lebensregeln
Gerade heute ärgere dich nicht.
Gerade heute sorge dich nicht.
Ehre Deine Eltern, Lehrer
und die Älteren.
Verdiene Dein Brot ehrlich.
Empfinde Dankbarkeit für
alles Lebendige.

1922 ging Dr. Usui zu dem Kloster auf dem Berg Kurama, wo er als junger Mann studiert hatte. An diesem Kraftort verbrachte er einundzwanzig Tage alleine mit einer bestimmten Art der intensiven Meditation, er fastete, sang, betete und meditierte. Am Morgen des einundzwanzigsten Tages erlebte Dr. Usui während einer seiner Meditationen eine umfassende spirituelle Erfahrung: Ein großes und starkes geistiges Licht drang in seinen Kopf ein und Dr. Usui erlebte einen Moment der vollkommenen Erleuchtung. Das Licht, das er gesehen hatte, war die Reiki-Energie, die als Form einer Einstimmung zu ihm kam.

Über Reiki kann man viel diskutieren, doch begreifen kann man Reiki nur durch eigene Erfahrungen.

## »Tibetisch-Energetische Massage«

Um die tibetisch-energetische Massage ausführen zu können, braucht man eine Einweihung. Diese Einweihung bekam ich von meiner Schamanin, sie wiederum bekam diese Einweihung in direkter Linie von einem tibetischen Mönch überliefert.
Diese Massage ist eine Kundalini-Massage. Das heißt, eine schlafende Schlange symbolisiert die Kundalini-Energie, die sich, wenn sie geweckt wird, aufrollt und ihren Kopf langsam die Wirbelsäule hinaufschiebt.
Tief aus dem Becken (Wurzelchakra) strömt sie bis zum höchsten Punkt

des Kopfes, dem siebten Chakra, das Scheitelchakra. Das führt dann zur Erleuchtung, in welcher Lebenssituation man sich in diesem Moment auch befindet.

**Erleuchtung bekommen heißt:**

Stell dir vor, du fährst viele Jahre dieselbe Strecke zu deiner Arbeit, eines Morgens hast du das Gefühl, du musst einen anderen Weg fahren.
Du fährst diesen Weg, und wenn du bei deiner Arbeit ankommst, erfährst du, dass auf deinem gewohnten Weg ein Unfall passiert ist, in den du geraten wärst, wenn du nicht auf dein Gefühl gehört hättest.

Indem du auf deine innere Stimme, also auf deinen Schutzengel gehört hast, hattest du einen kurzen Augenblick der »Erleuchtung«.
Somit konnte dich dein Engel vor einem Unglück bewahren.

Hier möchte ich meine Affirmation weitergeben, die für mich schon seit vielen Jahren zu meinem Leben dazugehört. Und für mich wahre Wunder bewirkt hat, und noch bewirken wird:

**»Ich bin, ich bin, der ich bin,
ich bin Erleuchtung.«**

## »Edelstein-Balance«

Edelstein-Balance ist keine Therapie, sondern ein Entspannungs- und Erholungsprogramm für den Körper, verbunden mit einer Ermutigung für die Seele und den Geist, sich selbst zu sein! Und wenn wir wir selber sind, dann sind wir schön. So einfach ist das.

**Schönheit ist der Ausdruck des Wohlbefindens,
der Lebensfreude und inneren Harmonie.**

Und genau das ist das Ziel der Edelstein-Balance: Massage mit warmen Edelsteinölen und warmen Edelsteinen nach Monika Grundmann. Edelstein-Balance ist keine energetische Massage, dennoch kann man sie zu einer energetischen Massage machen, indem man bewusst, während man

72

massiert, Energien fließen lässt. Ich lasse jedes Mal, wenn ich mit warmen Edelsteinen und warmen Edelsteinölen massiere, bewusst Energien fließen. Denn durch meine Reiki-Großmeister-Einweihungen und die Energie als Schamanin sind mir energetisch keine Grenzen gesetzt.

# 6 Litios-Lichtkristalle

Ich lernte Antje und Edwin in Baden-Baden kennen, sie hatten wie ich einen Stand auf der Messe. Ich bin immer sehr vorsichtig auf esoterischen Messen, denn nirgendwo wird so viel gelogen. Eine Scheinwelt, mit sehr wenig guten Leuten, die wirklich was können und wissen.

Der Stand von Antje und Edwin war umringt von positiven Energien, ich spürte sofort die Ehrlichkeit, mit der sie die Menschen, die an ihrem Stand waren, beraten haben, sehr freundlich und auch unkompliziert.

Ich nahm einen Flyer mit, nachdem ich ein sehr nettes Gespräch mit Edwin hatte, denn die Lichtkristalle haben mir nicht nur gefallen, sondern mich auch spirituell überzeugt. Ich kaufte mir einen Anhänger und habe heute noch sehr viel Freude mit ihm.

Ich begegnete den beiden immer wieder und jedes Mal war es eine beidseitige Freude, wenn wir uns sahen.

Dann kam der Tag, an dem ich die Lichtkristalle besser und intensiver kennenlernen wollte, und so habe ich bei Antje und Edwin einige Seminare besucht.

Es ist etwas ganz Besonderes, mit den Lichtkristallen zu meditieren und zu arbeiten.

## Was sind Litios-Lichtkristalle?

»Litios« ist der Name der himmlischen Kristallsphäre, in der Erzengel Metatron, »der Strahlende«, regiert. Erzengel Metatron wird auch oft als »Malek Metatron« (König) bezeichnet oder »Metatron El Shaddei« (= der vor dem Throne steht). Die Energie des lebendigen Kristalls »Litios« durchströmt mit kristalliner Reinheit die ganze Sphäre – es ist der göttliche Urkristall.

Litios-Lichtkristalle werden direkt aus dieser kristallklaren Lichtsphäre über einen bestimmten Zeitraum an einem dafür besonders gesegneten Ort bestrahlt und mit Lichtschwingung erfüllt. Jedes Litios-Lichtprodukt ist vollständig durchdrungen von Kristallenergie, erstellt eine direkte Verbin-

dung zur Kristallsphäre »Litios« und trägt gleichzeitig noch eine individuelle Eigenschaft in sich.
Diese Informationen werden durch Antje gechannelt.

Vom Erzengel Metatron und den aufgestiegenen Meistern Jesus Christus und Melchesidek erhielten Antje und Edwin den geistigen und verantwortungsvollen Auftrag, diese Kristallenergien als Lichtprodukte zu manifestieren. Glas oder Glasfaser sind z.B. ein perfekter Energieträger.

Erzengel Metatron vertraute Antje und Edwin im Jahre 2004 die geistig-technische Ausführung an und ein Tor des Aufstiegs, d.h., ein direkter Kanal wurde bei Antje und Edwin errichtet. Somit sind immerwährend Kristallengel und aufgestiegene Meister anwesend, die sie führen und die Qualität und Reinheit der Litios-Lichtprodukte ermöglichen. Diesen geistigen Auftrag erfüllen sie mit Freude, denn es ist ihnen bewusst, dass sie bereits zu atlantischen Blütezeiten mit dieser Aufgabe betraut waren.

Kristallenergien und Kristallengel spielten eine tragende Rolle in den atlantischen Tempeln. Mit dem Untergang von Atlantis ging auch das Wissen der Kristallenergien verloren.
Erst seit kurzem, mit Beginn des neuen Zeitalters, kehren die kristallklaren, reinen und lichtvollen Energien wieder zurück auf unsere Erde, sie werden uns allen anvertraut und zurückgeschenkt.

**Metatron spricht durch Antje:**

Ich bin Metatron der Strahlende und ich führe euch über Raum und Zeit und Licht mit vielen Kristallengeln, machtvollen Schöpferengeln der Urschöpfung aller Zeit.

# 7 Helferinnen und Vertraute

## Birgit

Birgit – wenn ich Freundschaft mit einem Wort definieren sollte, dann gibt es nur eins: Birgit.

Birgit und ich, wir sind seit unserer Kindheit miteinander befreundet. Wir gingen zusammen zur Schule, wir haben unsere Männer zur gleichen Zeit kennengelernt, unsere ersten Kinder miteinander bekommen. Miriam, Birgits Tochter, und Björn, mein Sohn, sind vier Wochen auseinander. Miriam wurde im August 1975 geboren und Björn im September 1975.

Wir gingen durch dick und dünn die ganzen Jahre miteinander, das sind bis heute fünfzig Jahre.

Und wir werden auch in Zukunft durch dick und dünn miteinander gehen.

Birgit und ich, wir hatten und haben nicht immer die gleichen Interessen. Dennoch: Was unsere Freundschaft die ganzen Jahre so besonders gemacht hat, sind Toleranz, Anerkennung und Respekt voreinander. Birgit ist Tierkreiszeichen Steinbock mit einem Jungfrau-Aszendenten, das heißt, sie ist sehr bodenständig, vertrauenswürdig und unserer Freundschaft gegenüber wertfrei.

»Deine Meinung ist mir sehr wichtig«, diesen Satz habe ich schon unzählige Male zu ihr gesagt, und diesen Satz werde ich noch unzählige Male zu ihr sagen. Diese Ehrlichkeit mir und anderen Menschen gegenüber ist natürlich eine ganz besondere Qualität. »Liebe Birgit, du sagst einfach immer alles ganz wertfrei, egal über welche Themen wir auch immer miteinander reden. Vor allem wenn es um meine Themen geht, schätze ich deine Aufrichtigkeit und Ehrlichkeit, du sagst deine Meinung immer frei, wie und was du darüber denkst, danke Birgit, das hat mir schon unzählige Male geholfen, Entscheidungen richtig zu treffen, oder Menschen und Lebenssituationen von einem anderen Blickwinkel zu sehen.«

Birgit hat schon viel in ihrem Leben einstecken müssen, viele schöne und weniger schöne Lebenssituationen hinter sich bringen müssen.

Birgit ist heute in zweiter Ehe verheiratet, ihr Mann Reinhold hat während ihrer Zeit, als sie noch nicht verheiratet waren, einen Hirnschlag erlitten, in dieser für sie ganz besonderen schweren Zeit hat sie Reinhold im Krankenhaus geheiratet und ist bis zum heutigen Tage trotz vieler Entbehrungen an seiner Seite. Birgit hat meine Hochachtung und Anerkennung, denn es ist ganz sicher nicht einfach, mit einem Menschen zusammenzuleben, den man zwar liebt, der dennoch Einschränkungen hat.

Als ich mich entschieden hatte, den spirituellen Weg zu gehen, hat Birgit bis heute immer Verständnis für mich und meine Lebensphilosophie aufgebracht, und sie wird auch immer Verständnis für mich aufbringen, da bin ich mir sicher.

Unsere Gespräche und Diskussionen sind immer was ganz Besonderes für uns beide, denn wir haben beide die Qualitäten, frei raus zu reden und die eigene Meinung zu sagen und die Meinung der anderen zu akzeptieren. Birgit ist für mich ein ganz besonderer Mensch, und ich bin immer wieder glücklich, dass wir beide diesen unseren Weg miteinander gehen dürfen.

Ps. 62

V. 2: Meine Seele ist stille zu Gott, der mir hilft …

V. 3: … denn er ist mein Hort, meine Hilfe, mein Schutz, dass mich kein Fall stürzen wird, wie groß er ist.

## Ingrid

»Ingrid male«, wie oft habe ich das schon gesagt, und immer bin ich auf taube Ohren bei Ingrid gestoßen.

Ingrid kam vor circa drei Jahren durch eine gemeinsame Freundin zu mir. Ich kannte Ingrid schon, nur dass sie an Reiki interessiert war, wusste ich zu diesem Zeitpunkt noch nicht.

Ingrid muss man auf Anhieb mögen, Ingrid ist einfach nur lieb.

Ingrid ist Schülerin von mir, und ich habe die Ehre, Ingrids schamanische Wurzeln zu fördern.

Ingrid hat eine große Qualität, die die meisten Menschen nicht haben, sie ist zu hundert Prozent zuverlässig. Auch bei Ingrid war Abwesenheit von Selbstbewusstsein und Selbstwertgefühl, als sie zu mir kam.

Jeder Mensch kommt mit Selbstwertgefühl, Selbstbewusstsein und einem gesunden Ego auf die Welt.

Es ist astrologisch nachweisbar, dass wir von der ersten Minute unserer Geburt umerzogen werden. Auch das fand natürlich bei Ingrid statt. Sie wuchs mit zwei Brüdern auf; obwohl Ingrid eine hübsche Frau ist, hat sie viele männliche Eigenschaften entwickelt.
Sie musste sozusagen immer ihren Mann stehen, also das heißt, ihr Yang wurde ausgeprägter entwickelt.
Also durch die Umerziehung und auch Erziehung leiden immer das Selbstbewusstsein und auch das Selbstwertgefühl darunter. Es ist nun mal so, und so wird es immer sein.

Ingrid möchte wieder mehr Selbstwertgefühl und Selbstbewusstsein erlangen, und ich muss sagen, sie arbeitet hart daran. Jeder andere hätte ganz sicher schon aufgegeben, doch nicht Ingrid. Ich gebe zu, ich bin eine konsequente und auch gerechte Lehrerin. Schülerinnen haben es nicht immer einfach bei mir, das Ergebnis ist wichtig, und da ist Ingrid der beste Beweis, sie ist einfach spitze, Ingrid hat alles ausgehalten und hat jetzt ihre ersten Erfolge zu verzeichnen.

Zwischenzeitlich hat Ingrid das Malen angefangen, und ich muss sagen, ich bin richtig stolz auf Ingrid, und es ist mir eine Ehre, dass ich Ingrid zum Malen bringen durfte.
Ihre Bilder sind einfach wunderschön, und was noch ganz wichtig zu erwähnen ist, Ingrid hat so ein gutes und großes Herz, und genau das drückt sie

in ihren Bildern aus. Da Ingrid mehr das Yang, also das männliche Prinzip lebt, macht sie nicht so viele Worte um ihre Bilder.

Ingrid hat zwei Söhne und lebt seit circa fünf Jahren von ihrem Mann getrennt. Sie hat seitdem hart an ihrer Veränderung gearbeitet. Super, Ingrid!

Ingrid ist wie Sandy für mich eine sehr gute Freundin geworden, mit der ich durch dick und dünn gehen kann.

**Ps. 62**
**V. 9: Hoffet auf ihn alle Zeit, liebe Leute schüttet euer Herz vor mir aus, Gott ist unsere Zuversicht.**

## Sandra

Sandra, »Sandy«, zuerst meine Schülerin, jetzt ist sie meine liebe Freundin, Schülerin und Assistentin.
Als Sandy zum ersten Mal zu meinem Reiki-Abend kam, war sie gerade dabei, sich auf ihr Examen als Ärztin vorzubereiten. Mir begegnete eine liebe, verunsicherte, junge Frau mit zwei kleinen Kindern – Lilli, achtzehn Monate, und Nils, drei Monate.

Als ich ihr die Tür öffnete, war mir klar, dass eine junge Frau vor mir steht, die wissenshungrig ist, und was mir sehr gut gefallen hat, und noch an Sandy gefällt, sind ihre Zuverlässigkeit und ihre Intelligenz.
Mir war auch sofort klar, dass Sandy Hilfe brauchte. Obwohl sie zwar zwei fantastische Kinder zur Welt gebracht hatte und demnächst ihr Examen machen würde, war sie dennoch verunsichert. Ich stellte auch sofort fest, dass bei Sandy Abwesenheit von Selbstbewusstsein vorhanden war.

Das war vor fünf Jahren, heute ist Sandy selbstbewusster, immer noch sehr zuverlässig, sie hat ihr Examen vor drei Jahren geschafft und arbeitet in einer Frauenklinik. Durch ihre klare Intelligenz, Treue zu sich selbst, somit auch zu mir und ihrer Lebensaufgabe, ist sie ein Teil meines Lebens geworden, den ich nicht mehr missen möchte, da wir in jeder Lebenssituation, ob es um Sandy oder mich geht, oder um gemeinsame Lebenssituationen zu bewältigen, ein Team geworden sind.

Wenn ich mir zum heutigen Stand der Dinge vorstelle, dass Sandy in einer gewissen Zeit als Ärztin, Schamanin und Reiki-Großmeisterin kranke Menschen mit dieser großartigen Ausrüstung behandelt, dann herzlichen Glückwunsch allen Menschen, die zu Sandy finden. Ich auf jeden Fall stelle mich ganz vorne an.

Ärzte heilen den Körper, Schamanen die Seele, dann die Reiki-Energie, die zugleich noch für innere Ruhe und Ausgeglichenheit sorgt – wow!, da gibt es nichts mehr hinzuzufügen.

Als Schamanin dann weiß Sandy, dass der Ursprung jeder Krankheit im Seelischen beginnt, dementsprechend kann Sandy sofort an die Wurzel allen Übels gehen.
Als Ärztin weiß Sandy dann auch, was zu tun ist, um den Patienten weiter zu behandeln, wenn es dann nötig ist.
Und schon bin ich bei meiner Vision: Ärzte und Schamanen sollten zusammenarbeiten können, leider ist man in unserer Gesellschaft noch nicht so weit.

Ich bin mir sicher, dass Sandy und ich es schaffen werden.

**Heilung ist immer ein Wandel der inneren Einstellung. Krankheit ist lediglich ein Symptom für etwas, was nicht im Körper stimmt.**
**S.O.S**

Eins ist auch klar, ohne Sandys Hilfe könnte ich mein Buch nicht so schnell fertigstellen, denn alles, was ich wissen muss, um am Computer zu schreiben und das Geschriebene in eine Form zu bringen, ist Sandys Verdienst, unermüdlich und mit unsagbarer Geduld mit mir und meiner Abwesenheit von Computerwissen ist sie immer da, wenn ich sie brauche.

Denn Geduld ist nicht immer meine Stärke. Wenn ich etwas im Kopf habe, muss es auch sofort umgesetzt werden, und da brauche ich Sandy nun mal. Und dies nimmt sie sehr ernst und freut sich jedes Mal, wenn ich ihr wieder vorlese, was ich geschrieben habe.

Sandys Arbeit im Krankenhaus und ihre Familie sind ja auch noch da, auch da gibt sie hundert Prozent. Hut ab – mit deinen dreiunddreißig Jahren bist du schon ganz schön belastbar.

Natürlich hat Sandy auch Durchhänger, aber auch das übersteht sie immer schnell.

Liebe Leserinnen und Leser,

wenn ihr das Gefühl habt, mir schreiben zu wollen, freue ich mich über jeden Kommentar von euch.

Das könnt ihr auf meiner Homepage tun:

www.sigrid-schaman.de

Oder per Mail:

sigrid.scholl@gmx.de.

Licht und Liebe,

Eure Sigrid O. Scholl